ちくま学芸文庫

初稿 倫理学

和辻哲郎
苅部 直 編

筑摩書房

目次

革命と虚無／決断——主体性の問題／実存主義とマルクス主義／実存主義と科学／孤独について

解説　和辻倫理学の出発　苅部 直　263

初稿　倫理学

面とペルソナ

問題にしない時には解り切ったことと思われているものが、さて問題にして見ると実に解らなくなる。そういうものが我々の身辺には無数に存している。『顔面』もその一つである。顔面が何であるかを知らない人は目明きには一人もない筈であるが、しかも顔面ほど不思議なものはないのである。

我々は顔を知らずに他の人と附き合うことが出来る。手紙、伝言等の言語的表現がその媒介をして呉れる。然しその場合にはただ相手の顔を知らないだけであって、相手に顔がないと思っているのではない。多くの場合には言語に表現せられた相手の態度から、或は文字に於ける表情から、無意識的に相手の顔が想像せられている。それは通例極めて漠然としたものであるが、それでも直接逢った時に予期との合不合をはっきり感じさせるほどの力強いものである。況《いわ》んや顔を知り合っている相手の場合には、顔なしにその人を思い浮べることは決して出来るものでない。絵を眺めながらふとその作者のことを思うと、その瞬間に浮び出るのは顔である。友人のことが意識に上る場合にも、その名と共に顔が出てくる。勿論顔の他にも肩つきであるとか後姿であるとか或は歩きぶりとかというようなものが人の記憶と結びついてはいる。然し我々はこれらの一切を排除してもなお人を思い浮べ得るが、ただ顔だけは取り除けることが出来ない。後姿で人を思う時にも、顔は向うを向いているのである。

このことを端的に示しているのは肖像彫刻肖像画の類である。芸術家は『人』を表現するのに『顔』だけに切り詰めることが出来る。我々は四肢胴体が欠けているなどということを全然感じないで、そこにその人全体を見るのである。然るに顔を切り離したトルソーになると、我々はそこに美しい自然の表現を見出すのであって、決して『人』の表現を見はしない。尤《もっと》も芸術家が初めからこのようなトルソーとして肉体を取扱うということは、肉体に於て自然を見る近代の立場であって、もともと『人』の表現をねらっているのではない。それでは、『人』を表現して、しかも破損によってトルソーとなったものはどうであろうか。そこには明白に首や手足が欠けているのである。即ちそれは『断片』となっているのである。そうして見ると、胴体から引き離した首はそれ自身『人』の表現として立ち得るに拘らず、首から離した胴体は断片に化するということになる。顔が人の存在にとっていかに中心的地位を持つかはここに露骨に示されている。

この点を更に一層突き詰めたのが『面』である。それは首から頭や耳を取り去ってただ顔面だけを残している。どうしてそういうものが作り出されたか。舞台の上で一定の人物を表現するためにである。最初は宗教的な儀式としての所作事にとって必要であった。その所作事が劇に転化するに従って登場する人物は複雑となり面もまた分化する。かかる面を最初に芸術的に仕上げたのは希臘人《ギリシャ》であるが、しかしその面の伝統を持続し、それに優れた発展を与えたものは、他ならぬ日本人なのである。

昨秋表慶館に於ける伎楽面、舞楽面、能面等の展観を見られた方は、日本の面に如何に多くの傑作があるかを知っていられるであろう。自分の乏しい所見によれば、希臘の仮面はこれほど優れたものではない。それは単に王とか王妃とかの『役』を示すのみであって、伎楽面に見られるような一定の表情の思い切った類型化などは企てられていない。かと云って能面の或者のように積極的な表情を注意深く拭い去ったものでもない。面に於けるこのような芸術的苦心は恐らく他に比類のないものであろう。このことは日本の彫刻家の眼が肉体の美しさよりもむしろ肉体に於ける『人』に、従って『顔面の不思議』に集中していたことを示すのではなかろうか。

がこれらの面の真の優秀さは、それを棚に並べて、彫刻を見ると同じようにただ眺めたのでは解らない。面が面として胴体から、更に首から、引き離されたのは、丁度それが彫刻と同じに取扱われるのではないがためである。即ち生きて動く人がそれを顔につけて一定の動作をするがためなのである。然らば彫刻が本来静止するものであるに対して、面は本来動くものである。面がその優秀さを真に発揮するのは動く地位に置かれた時でなくてはならない。

伎楽面が喜び怒り等の表情をいかに鋭く類型化しているか、或は一定の性格、人物の型などをいかに際どく形づけているか、それは人がこの面をつけて一定の所作をする時に本当に露出して来るのである。その時にこそ、この顔面に於て、不必要なものがすべて抜き去られていること、ただ強調せらるべきもののみが生かし残されていることが、はっきり見えて来る。またその故にこの顔面は実際に生きている人の顔面よりも幾倍か強く生きてくるのである。舞台で動く伎楽面の側に自然のままの人の顔を見出すならば、その自然の顔がいかに貧弱な、みすぼらしい、生気のないものであるかを痛切に感ぜざるを得ないであろう。芸術の力は面に於て顔面の不思議さを高め、強め、純粋化しているのである。

伎楽面が顔面に於ける『人』を積極的に強調し純粋化しているとすれば、能面はそれを消極的に徹底せしめたと云えるであろう。伎楽面がいかに神話的空想的な顔面を作っても、そこに現わされているものは何時も『人』である。たとい口が喙《くちばし》になっていても、我々はそこに人らしい表情を強く感ずる。然るに能面の鬼は顔面から一切の人らしさを消し去ったものである。これもまた凄さを具象化したものとは云えるであろうが、然し人の凄さの表情を類型化したものとは云えない。総じてそれは人の顔の類型ではない。能面のこの特徴は男女を現わす通例の面に於ても見られる。それは男であるか女であるか、或は老年であるか若年であるか、とにかく人の顔面を現わしてはいる。然し喜びとか怒りとかという如き表情はそこには全然現わされていない。人の顔面に於て通例に見られる筋肉の生動がここでは注意深く洗い去られているのである。だからその肉づけの感じは急死した人の顔面に極めてよく似ている。特に尉《じょう》や姥《うば》の面は強く死相を思わせるものである。このように徹底的に人らしい表情を抜き去った面は、恐らく能面以外にどこにも存しないであろう。能面の与える不思議な感じはこの否定性に基いているのである。

ところでこの能面が舞台に現われて動く肢体を得たとなると、そこに驚くべきことが起ってくる。というのは表情を抜き去ってある筈の能面が実に豊富極まりのない表情を示し始めるのである。面をつけた役者が手足の動作によって何事かを表現すれば、そこに表現せられたことは既に面の表情となっている。例えば手が涙を拭うように動けば、面は既に泣いているのである。更にその上に『謡』の旋律による表現が加わり、それが悉く《ことごと》面の表情になる。これほど自由自在に、また微妙に、心の陰影を現わし得る顔面は、自然の顔面には存しない。そうしてこの表情の自由さは、能面が何等の人らしい表情をも固定的に現わしていないということに基くのである。笑っている伎楽面は泣くことは出来ない。然し死相を示す尉や姥は泣くことも笑うことも出来る。

このような面の働きに於て特に我々の注意を引くのは、面がそれを被って動く役者の肢体や動作を己れの内に吸収して了うという点である。実際には役者が面をつけて動いているのではあるが、しかしその効果から云えば面が肢体を獲得したのである。もし或る能役者が、女の面をつけて舞台に立っているに拘らず、その姿を女として感じさせないとすれば、それはもう役者の名には価しないのである。否、どんな拙い役者でも、或は素人でも、女の面をつければ女になると云ってよい。それほど面の力は強いのである。従ってまた逆に面はその獲得した肢体に支配される。というのは、その肢体は面の肢体となっているのであるから、肢体の動きはすべてその面の動きとして理解され、肢体による表現が面の表情となるからである。この関係を示すものとして例えば神代神楽を能と比較しつつ考察して見るがよい。同じ様式の女の面が能の動作と神楽の動作との相違によって如何に甚だしく異ったものになるか。能の動作の中に全然見られないような、柔かな、女らしい体のうねりが現われてくれば、同じ女の面でも能の舞台で決して見ることの出来ない艶めかしいものになって了う。その変化は実際人を驚かせるに足る程である。同じ面がもし長唄で踊る肢体を獲得したならば、更にまた全然別の面になって了うであろう。

以上の考察から我々は次のように云うことが出来る。面は元来人体から肢体や頭を抜き去ってただ顔面だけを残したものである。然るにその面は再び肢体を獲得する。人を表現するためにはただ顔面だけに切り詰めることが出来るが、その切り詰められた顔面は自由に肢体を回復する力を持っている。そうして見ると顔面は人の存在にとって核心的な意義を持つものである。それは単に肉体の一部分であるのではなく、肉体を己れに従える主体的なるものの座、即ち人格の座に他ならない。

ここまで考えて来ると我々は自《おのず》から persona を聯想せざるを得ない。この語はもと劇に用いられる面を意味した。それが転じて劇に於けるそれぞれの役割を意味し、従って劇中の人物を指す言葉になる。dramatis personae がそれである。然るにこの用法は劇を離れて現実の生活にも通用する。人間生活に於けるそれぞれの役割がペルソナである。我、汝、彼というのも第一、第二、第三のペルソナであり、地位、身分、資格等もそれぞれ社会に於けるペルソナである。そこでこの用法が神にまで押しひろめられて、父と子と聖霊が神の三つのペルソナだと云われる。然るに人は社会に於て各《おのおの》彼自身の役目を持っている。己れ自身のペルソナに於て行動するのは彼が己れのなすべきことをなすのである。従って他の人のなすべきことを代理する場合には、他の人のペルソナをつとめるということになる。そうなるとペルソナは行為の主体、権利の主体として、『人格』の意味にならざるを得ない。かくして『面』が『人格』となったのである。

ところでこのような意味の転換が行われるための最も重大な急所は、最初に『面』が『役割』の意味になったということである。面をただ顔面彫刻として眺めるだけならばこのような意味は生じない。面が生きた人を己れの肢体として獲得する力を持てばこそ、それは役割でありまた人物であることが出来る。従ってこの力が活き活きと感ぜられている仲間に於て、『お前はこの前には王の面をつとめたが、今度は王妃の面をつとめろ』という風なことを云い得るのである。そうなると、ペルソナが人格の意味を獲得したという歴史の背後にも、前に云った顔面の不思議が働いていた、と認めてよい筈である。

面という言葉はペルソナと異って人格とか法人とかの意味を獲得しては居らない。然しそういう意味を獲得するような傾向が全然なかったというのではない。『人々』という意味で『面々』という言葉が用いられることもあれば、各自を意味して『めいめい』（面々の訛であろう）ということもある。これらは面目を立てる、顔を潰す、顔を出す、などの用法と共に、顔面を人格の意味に用いることの萌芽であった。

附記。能面についての具体的なことは近刊野上豊一郎氏編の『能面』〔全十回、岩波書店、一九三六年八月〜一九三七年七月〕を見られたい。氏は能面の理解と研究に於て現代の第一人者である。

私の根本の考

一

道徳と経済の一致ということに就いて、何か話すようにということであるが、別に新しい研究をしているわけでもないので、ここでは根本の考えを、考えの方向だけを一寸申し述べることにし度《た》いと思う。

西洋の哲学を通観すると、極く大体に云って、ギリシヤ哲学に於ては自然、客体、森羅万象の在り方が問題にせられ、主体を問題にしていないのに対して、近代の哲学は主体の側へ眼を移したと云えようかと思う。その場合主体自体がどういうものであるかということを問題にするのではなくて、自然とか客体とかが成立する根本条件として主体が前提されるのであって、この思想はカントに於て頂点に達する。デカルトが「我思う、故に我在り」から出発したのも、自我意識の基礎の上で、客体が如何に成立してくるかという点に関心が置かれている。その点はイギリスに於ても同様であるのみならず、寧ろイギリスの方が進歩が先でもあり、顕著でもあって、ロック、ヒューム等に於ては総てが、観念になる。こうして哲学は、常識の自然的立場と全く異るに到っている。常識の立場では、自分と離れて対象が不遍的に存在し、それをこちらから鏡のように写し取るのであるが、それに対して、近代の哲学は、意識がなければ対象はないという考え方をする。つまり自我が中心の問題なのであって、それと共に、倫理学もすべてそうなってくる。

ところで、カントに於て、はっきりしてきたことは、問題にしている主体は、一切の客体の世界の成立根拠になっているが、それ自身は認識の対象にならない、把握出来ないということである。対象にした自我は、客体―自我になってしまう。しかし倫理学の問題では、どうしても認識されないその自我が、いろんな行動をしたり、働いたりするのであるから、それを問題とせざるを得ない。カントは第一批判に於て、対象成立の地盤を、主体の内に、範疇の内に見出だしたのであるから、主体が範疇を包むのであって、逆に範疇によって主体を捉えることは出来ない。しかし実践哲学に於ては、その主体が、本体(Noumenon)という形而上的なものとして問題にされてくる。主体の存在は、日常、我々が実践している時は、極く身近かな事柄なのであるが、認識の問題としては実に面倒なのである。カントでもそれがうまく行っているとはいえない。特に、自我の存在は、明証的であるにしても、他我の存在は論証が出来ない。カントはそのことを「哲学のスキャンダル」と呼んでいるが、カント以後でも事情は同じである。

リップスは二十世紀の初めに、感情移入説をとなえ、例えば、他人が笑っている時、その筋肉の動きを通じて、そこへ自分の感情を感じ込むといった考え方で、自他の交渉を、説明したが、この場合、結局、総てが、自我の体験になって了う。

マックス・シェラーは、デカルトは我思う、ということから、自我の明証をつかんだが、他我に就いても Du-Evidenz がある、他我は初めから明証的なもので、あとからは、論証出来ないと考えた。戦前のドイツ現象学は、簡単に云えば、個人意識の立場で、カントと同じ問題を解決しようとしているのであるが、そこでも他我の問題、間―主体性の問題が、厄介な問題として残る。結局に於て、自我、個人意識を根本に置くのが、近代哲学の難点であって、経済学に於る、欲望の主体という概念に就いても同様のことが云えると思う。

二

主体は確に自我であるが、それは同時に他人の自我でもある。無数の自我が勘定の内に入って来なくては、主体の問題は解決されない。カントが主体は、本体であって、そこには範疇があてはまらないと考えたように、主体の問題は、処理の困難な問題ではあるが、実際問題としてはコーヘンの所謂、法人意志のような、自我聯関的な主体が存在し、働いている。その間の真相に肉迫して行かなくては、倫理学の問題は突っ込みが足りなくなる。それをつつき始めたのは十九世紀以来の社会学である。尤も、学問上の専門意識の為か、個人のほかに社会があるという考え方をする弊があってその結果、今の問題が又ずれてくる。いつも個人を離れた別の秩序のものをつかまえるという風にずれてきて、個人と全体との聯関が見失われる。しかしタルドは天才的な社会学者であって、面白い考え方をしている。彼は、自分のやる社会学は脳と脳との間の社会学だということを述べている。タルドの根本命題は「社会は模倣である」というのであって、あらゆる意識の問題が模倣に還元される。例えば欲望は、普通は自我と客体との関係で考えられるが、これは抽象的である。飢餓に対応するものは、新たに探す自然物ではなくて既に社会的に決っている食物であって、飢餓は、パン、米等を食いたいというかたちであらわれる。社会的関係が先で、それより根本的な、自然現象としての飢餓のようなものは、実際にはなくて抽象である。かような社会学者の仕事によって、主体自体が複雑な聯関構造を持っており、それは意識の問題が起るより先の問題であるということがだんだん明かになってくる。

マルクスはタルドより少し前の人であるが、そのドイチェ・イデオロギの中に、言葉と意識の起源を説いた優れた叙述がある。言葉と意識とは同時に社会的に起るものである。言葉は、交渉する相手がなくては存在しない。意志を通ずる相手がなくては、言葉は、従って意識は起らない。主体の間の関係を結ぶことによって人間の意識が成立してくる。ロビンソン・クルーソーを出発点とする考え方は根本的な誤謬を犯している、というのであって、これなど、十九世紀後半という時代の明白な反映だと考えられる。殊にマルクスが、動物は関係を作ることをしない、それをするのは人間のみであると考えているのは、注目に価する点であろう。

こういう風にみてくると、主体を考える時は、個人主体間の交渉関係なり、組織なりを初めから考えなければならなくなる。客体との交渉関係は寧ろそこから出てくると考えねばならない。主体自身の持つ関係なり組織なりを（物を作る際は生産関係を）つきとめる時に、始めて、人間がどういう風に行為しているか、又行為すべきかという問題の根本につきあたるのではないか。それが倫理学の第一に解決すべき問題ではないか。かような立場から過去の哲学を考えてみると、そういう風に問題をたてていないだけで、そういう問題に絶えずつき当っていることは事実であるが、それを正面から問題にすることは、道徳意識の問題が根強い伝統となっている西洋の倫理学者の立場からは、極めて困難であったと考えられる。

三

主体はつかまえようとすると、するりと後へ抜ける。人格も亦同様で、主体として働いている人格は、対象としてはつかまらない。しかも我々は自分の前にいる客体的な人が主体であることを、ちゃんと心得て行動している。かような、実践的な動きの中で心得ている事柄が倫理学の問題になる。そして日常の実践の中から、主体の基礎的構造をはっきりつかんでおくと、個々の主体の動きは、又いかに動くべきかは後から明かになってくる。

主体の動きは宗教の問題にもつながる。原始的な宗教に於ては、神は主体に対する客体としての神である。進んだ宗教においても、西方浄土に坐っている仏、沙漠にひょいと現れるヤーウェの神これ等は何れも客体としての神と考えられるが、かようなとらえ方では次第に神が分らなくなる。そこから神は主体として考えつめられてくる。キリスト教の人格神は主体の背後に、どん底に在る神であり、仏教の涅槃と云われるものも結局に於て主体の根底に外ならない。かように絶対者が主体であるにかかわらず、それを主体としてしかつかめないところに、宗教の難しさがある。主体としての絶対者は、「空」とも云い現わされるが、それは対象的には実際空なのである。しかし主体的にはそうではない。空は却ってそこから総てが出てくる主体的根底である。唯識ではその過程が説かれている。

主体を飽く迄も主体としてつかむことは、そういう面倒なところともつらなる厄介な問題であるが、人格が問題となると、それは主体でありつつ一方に於て同時に客体として働く面を持つので、つかまえにくいと共に、つかまえる手掛りが与えられている。生きた人間は、客体としてのみみれば、生物学的生理学的にいくらでも細かに扱える。しかしそれが同時に対象化出来ない主体でもあるのである。かように主体が客体にあらわれてくることによって、主体を把握する糸口が与えられる。総じて、主体が自己を客体化することがなければ、主体間の交渉、交際ということも成立しない。主体が主体でないものに己れをあらわしてくることが、人格の生活に行われている。その点に主体を把握するための通路が与えられている。自然科学は一つの対象をそのものとして追求するが、客体的なものを通じて主体的なものに迫って行こうとするのが倫理学の方向である。個人的全体的な主体の構造を組織的段階的にとらえることが可能になる。汝と我との関係が、男女関係、家族、村落共同体等々として把握せられ、その段階の一つとして経済組織の問題が出てくる。

経済組織の中心概念は財である。財は経済的価値を有するものであって、それを媒介として人倫的合一を作ることが経済組織の目的である。経済組織は人倫的合一の一つの段階であるが故に、財は決して人格の窮極目的となることは出来ない。

資本主義経済組織に於ては利潤を絶対的目的とするのが普通であるが、それは本来あるべきものが逆さになっているのである。その点を最初に明白にとらえたのが、ヘーゲルの、欲望の体系という思想である。彼はこの逆さになっていることを人倫の体系全体のなかで明かにした。簡単に考えて見ても、質のよいものを安く作るという資本主義経営のコツは、単に自利のみならず、消費者に対する道徳的奉仕という意味につながっていると思う。つまり資本主義経済組織も人倫的組織としての意味を持っている筈であり、もしそれを失っているならば、ひっくり返して人倫的にしなくてはならぬ。本来の経済組織は人倫的組織であり、財は手段であって目的ではない。

資本主義が進展すると共に、手段としての財が力強くなり、人間の方が財の手段となり、人間が機械の奴隷にされるという傾向を生じてくる。こういう状態は、在るべき状態が逆になっているのである。それに対して改革を要求する為には、まさにその在るべき状態に就いての基礎的な把握がなくてはならない。マルクスはこの改革の必然性を、商品の分析によって、全然物の方から説いているように見えるが、実は主体的聯関が、つまり経済組織が、人倫的組織でなくてはならないことを要求しているのである。この根拠がなくして自由競争を「良心なき商業の自由」などと呼ぶことは出来まい。ブハーリンは自分は理論的にはマテリアリストであるが、実践的にはイデアリストである、と云った。共産主義も亦《また》財を媒介にして正義を実現するものでなくてはならないであろう。

（青淵主義研究会に於る談話要旨――吉沢［伝三郎］筆記――）

倫理学——人間の学としての倫理学の意義及び方法

第一章

人間の学としての倫理学

一　倫理学は自然の学ではなくして人間の学である

もし人間が自然対象として他の自然物と同一の資格に於て考察さるるならば、人間を人間として規定するところの人間的な存在の仕方は限界を逸する。そうしてその限り、たといその対象が人間の名を以て呼ばれる場合でも、――例えば生理学の対象としての人間の如き、――何等倫理学とかかわるところはない。

然らば人間を人間として自然より区別することは、倫理学の存立にとって根本的な問題である。もし人間が自然の一部分に過ぎないならば、従って人間の学が自然の学の一部分に過ぎないならば、自然の学ではなくしてしかも人間の学たる倫理学は不可能である。倫理学が可能なるためには人間は自然でないと云うことが確立されねばならぬ。

然し人間が自然でないということは、人間が自然と何のかかわりもなき存在者であるという意味ではない。生理学の対象たる肉体は自然物であって人間ではないが、人間は肉体なしには人間でない。具体的な、従って肉体的な人間を、一定の見地から抽象的に考察するとき、そこに生理学的な肉体が把捉されるのである。だから人間は、そこから自然物としての肉体が取り出され得るような、具体的な地盤でなくてはならぬ。かかる具体的な地盤はそこから抽出された肉体と同じではない。その意味で人間は自然ではないのである。即ち人間は自然と独立な存在者として自然でないのではなく、自然を内に含める存在者として、或は自然を自然として対象化せしめる根柢的な地盤として、自然ではないのである。

二　唯物史観に於ける人間観もこの人間と自然との区別を抹殺することは出来ぬ

唯物史観の流行によって惹き起された通俗の見解によれば、人間は自然の一部である。自然としての人間の存在が人間の意識を決定する。この見解が人間は自然でないとの吾人の主張と正面から衝突するのは明白なことである。然しながら右の如き素朴な唯物論がマルクスの思想でないことも亦明白である。マルクスは周知の如く十八世紀の唯物論を斥けた。その理由はこの唯物論が人間に於ける歴史的社会的な活動の契機を無視していることである。『在来の唯物論（フォイエルバッハのも含めて）の主要欠陥は、対象即ち現実、感性が、客体という形式で、或は直観の形式のもとに把捉せられ、感性的・人間的なる活動、即ち実践として把捉せられざることである。即ち主体的に把捉せられざることである。（一）』自然としての対象は客体として、即ちあくまでも対立的に把捉される。それに対してマルクスは現実を主体的に実践として把捉することを主張する。対象の語が用いらるるに拘わらず、それは主体に対立するものではなくして主体的活動であり実践であるのである。即ちマルクスはこの命題に於て、人間を自然対象とする唯物論を斥け、活動実践としての人間の主体的存在を強調したのである。それによって彼は客体としての自然対象人間に手を触れたわけではない。人間がかかる客体的対象でないことを、即ち客体としての自然とは異った人間の存在の仕方を、明かにしたのである。だからもし人が生理学的或は生物学的対象としての人間を眼中に置きつつ、かかる人間の存在が人間の意識を決定すると考えるならば、彼はマルクスが十九世紀後半の唯物論について云ったところの、『社会的過程を閉め出した抽象的自然科学的唯物論の欠陥（二）』に陥って居るのである。

　マルクスに於ては『人間の本質は社会的関係の総体』であり、『あらゆる社会的生活は本質上実践的である。（三）』たといマルクスがこれを呼ぶに『自然』の語を以てしたとしても、それは対象的自然ではない。人間の意識を決定するとせられるのは、実践的な人間の社会的存在であって自然的存在ではないのである。かかる人間と自然との区別を見分け得ないならば、マルクスに於ける歴史と自然、社会科学と自然科学との区別をも理解し得ざるに至るであろう。

自然と人間との右の如き区別は、マルクスに強い影響を与えたフォイエルバッハに於て既に明白に現われている。フォイエルバッハの人間学的立場は肉体を持たざる抽象的な自我或は精神の立場に対する反抗であって、人間を自然物と見る唯物論ではない。『新しい哲学は、自我とか絶対的精神即ち抽象的精神とかを、一言にして云えば理性のみをその認識原理即ちその主体とするのではなく、人間の現実的な全体的な本質をその主体とする。……（五二）それは神学を人間学の中へ全然、絶対的に、矛盾なく解消するのである。……（五四）新しい哲学は人間の地盤としての自然をも含めての人間をば哲学の唯一の、普遍的な、最高の対象とする。即ち生理学をも含めての人間学を普遍学とする。』(四) 即ち彼は精神と物質との統一としての人間、『思惟と直観、能動性と受動性の合一』としての人間(五)を掲げて、あらゆる素材を自我或は精神より産出せしめるところの思弁哲学に対抗したのである。人間の二重性格の強調が非物質的原理に対抗する物質的原理『感性』の主張となって現われたのであって、人間を『唯物的』に説こうとしたのではない。しかもかくの如き『具体的人間』、『肉体を持てる人間』を原理としてすべてのものの根柢に置くことは、神が人間を造ったのではなくして人間が神を作ったのであるという革命的な――少くとも当時のヨーロッパ人にとって革命的な――見解を帰結するに充分であったのである。彼はかく神学――思弁哲学は仮装せる神学であった――を人間学の中に解消することに主力を注いだが、人間は自然物である、動物である、という如き主張は決してしなかった。

彼が『人間の本質』（六）として説くところは、人間がいかに本質的に動物から異っているかである。

人間を動物より区別する本質的な特徴は、フォイエルバッハによれば、厳密な意義に於ける『意識』である。そうして『意識とは或ものの自己自身が対象であることである』（七）(Bewußtsein ist das Sich-selbst-Gegenstand-Sein eines Wesens.)『人間は対象に於ておのれ自身を意識する。対象の意識は人間の自覚（Selbstbewußtsein）である。……対象は人間の露わにされた本質であり、人間の真実の、客観的な自我である。……人間に最も遠い対象と雖《いえども》、それが人間にとって対象である限り、また対象であるが故に、人間的本質の啓示である。月も日も星も人間に対して汝自身を知れと呼びかける。人間がそれらを見るということ、また人間がそう云う仕方でそれを見るということ、それが人間固有の本質の証拠である。動物は生命に必要な光線をのみ受けているが、人間はそれに反して最も遠い星のどうでもいいような光をまで受けている。ただ人間のみが純粋な、知的な、無関心的な喜びや情緒を持っている——ただ人間のみが観照的な（理論的な）眼の祭を祝っている。』（八）この人間の特性づけは、フォイエルバッハ自身も云っているように、人間の本質を理性、意志及び心（Herz）に於て認めるに他ならない。しかし彼の思想の特徴は、この人間の本質をその自己対象化に於て見出したことである。『汝が無限なるものを考えるならば、汝は思惟能力の無限性を考え確保するのである。汝が無限者を感ずるならば、汝は感情能力の無限性を感じ確保するのである。理性の対象はおのれに対して対象的な理性であり、感情の対象はおのれに対して対象的な感情である。〔九〕』音楽を聴くとき我々はおのれの心の声を聞いて居る。音楽は感情の独白である。かかる意味に於て対象の意識が人間の自覚なのである。動物はかかる意味の対象の意識を持たない。おのれ自身を対象化することがない。『だから動物はただ一重の性格を持つに過ぎぬが、人間は二重の性格を持つ。動物に於ては内生活と外生活とは一であるが、人間は内的及び外的の生活を持つ。人間の内的生活は人間の「類」・人間の「本質」との関係に於ける生活である。人間は考える、即ち彼は会話する。彼はおのれ自身と話す。動物は彼の外なる他の個体なくしては類機能（Gattungsfunktion）を営み得ないが、人間は考えること話すことという真の類機能を他者なくしても営み得る。人間はおのれ自身に於て同時に我及び汝である。彼はおのれ自身を他者の位置に置くことが出来る。その理由は、まさに、彼の個性のみならず彼の類彼の本質が対象だからである。〔一〇〕』

我々はここにハイデッガーの意味に於ける『超越』の問題がすでに捕えられていることを見のがしてはならない。対象の意識は人間の自覚である。人間は対象に於ておのれ自身を見出すのである。そうしてかかることの可能根拠は、人間がそれ自身に於て我及び汝であるからに外ならぬ。人間が対象を見出すとき、すでにそこに汝として外に出でたる我を見出すのである。かく根源的な『外に出る』場面、即ち ex-sistere の場面、即ち超越の場面を人間に於て見出したという効績は、ここに充分承認せられなければならぬ。しかしフォイエルバッハの人間が、たとい同時に我及び汝であるとしても、未だ充分に共同態に於て把捉せられていないこと、更にまた彼が思惟と意志力と愛との三者を人間の本質としつつも、その重心を思惟と愛とに置いて意志的実践的な本質を軽んじたこと、などの弱点は覆いかくすことが出来ぬ。

マルクスはこの弱点を指摘したのである。人間の本質は個々の個人に内在する抽象的なものではなくして社会的関係の総体であるが、フォイエルバッハはかかる現実的な本質を把捉し得ずして抽象的孤立的な人間的個体を仮定し、かかる個体から抽象せられた普遍性としての『類』を人間の本質と見た。かかる抽象的本質の把捉に留まったのは、彼が感性を重んずるにも拘わらずそれを実践的な人間的・感性的活動として捕え得なかったからである。対象の意識を人間の自覚とするに拘わらず、その対象をただ観照的に客体としてのみ摑み、主体的に実践として、捉え得なかったからである。対象が客体的ではなくして主体的であることは、実践的領域の第一の特徴であって、そこでは客体的対象が能動的に産出せらるるところのその生産過程が対象となるのである。フォイエルバッハはただ客体的対象の意識に於ける人間の自覚にのみ着目して、主体的対象の意識に於ける——即ち実践の意識に於ける——人間の自覚を見なかった。だから彼は『人間的活動を対象的活動として捕えていない』のである。これらの点にフォイエルバッハの主要な欠陥があるとの批評

はまことに正しいと云わねばならぬ。（一一）

しかしながらマルクスのこの修正によって人間の概念は一層明白に自然の概念から区別せられた。抽象的な自我や精神に対抗して肉体を獲得した人間は、更にマルクスに於て社会的及び実践的という規定を受けたのである。だからフォイエルバッハに於て『思惟が存在から出るのであって存在が思惟から出るのではない』（一二）と云われたことは、マルクスに於て、『人間の意識が人間の存在を規定するのではなく、反対に人間の社会的存在が人間の意識を規定する』（一三）と云い換えられた。この『人間の社会的存在』は、物の自然的存在とは、況んや人間の自然的存在とは、明白に異る。それは『人間の生活の社会的生産』であり、『人間の実質的生産力の一定の発展段階に相応する生産関係』である。そこには人間の自他の間の理解、組織の理解、共働の理解等々は云うまでもなく生活生産のための自然物の利用に於ける自然の技術的理解も亦含まれている。もとよりこの理解は意識以前の実践的な理解であって、意識的或は理論的な理解とは同視せらるべきでない。しかし実践的に『関係』を結び得るような、直接の理解がすでにそこにある。かかる意味に於て人間の社会的存在は、人間と自然とに対するあらゆる実践的理解に充たされたる存在である。意識以前にすでに相互理解的に共同の生活を生産する存在である。かかる人間の存在の仕方はいかなる意味でも自然の存在の仕方と混同されてはならない。だからこそ自然科学に対して明白に社会科学が区別され、また主張され得るのである。

人間の存在を無意識的・実践理解的な生活過程とすることによって、歴史と自然、人間と動物との区別は見まがうことの出来ないものになる。『人間は意識によって、宗教によって、その他好みのものによって、動物から区別され得る。が人間自身は、生活資料を生産し始めるや否や、己れを動物から区別し始めるのである。(一四)』だから最初の歴史的事件は衣食住の必需品の生産に他ならぬ。かかる生産は『羊とか犬とかに見出すことの出来ない歴史的過程』である。(一五)たとい家畜としての羊や犬が歴史的過程の産物であるとしても、その歴史は羊や犬の歴史ではなくして人間の歴史である。だから人間は一切のイデオロギーを作り出す以前に、その実質的な存在に於てすでに動物と異っているのである。しかもかく人間を動物より区別する生産は、初めより社会的であって個人的ではない。孤立的に存在する人間が或発展段階に於て社会を結成するのではなく、人間が人間となったときにすでに社会的なのである。従って自他の交通が意識を産み言語を産む。『言語は意識と発生の時を同じくする——言語は(その存在について云えば)実践的な、他の人間のためにも存在し従ってまた私自身のためにも存在するところの、現実的な意識なのである。そうして言語は(その生起について云えば)意識と同じく他の人間との交通の欲望・必要から初めて生起する。関係(間柄 Verhältnis)が存すれば、それは私にとって存するのである。然し動物は何物に対しても関係を結ばず、一般に関係する(即ち他との間柄を作るために或ふるまいをする)ということをしない。動物にとっては他との関係は関係としては(即ち間柄としては）存しないのである。だから意識は初めからすでに社会的産物なのである。』（二六）ここに明かに人間の社会的存在が動物の自然的存在から徹底的な区別を受けている。人間の自他の交通、従ってその間柄は、動物例えば犬の親子の関係とは本質的に区別される。人間の間柄はそれが意識や言語として発展するところの間柄であり、従って分肢されることによって言葉となるべき直接の理解を本来すでに含んでいるのである。然るに動物の自他の関係は、その本能的な鋭い理解（と云えるならば）にも拘わらず、意識や言語に発展すべき性格を具えて居らない。即ち人間の存在は自覚的であり、動物の存在は無自覚的である。マルクスが社会的存在をいうとき、すでにこの区別が含意せられているのである。

マルクスはかく明白に人間と自然とを区別する。しかもこの区別がしばしば看過せられるのは何故であるか。それはマルクスに於ける存在（Sein）の概念が、彼の鋭い洞察を含むにも拘わらず、なお充分明白に分別されていないからである。

三　人間の存在と自然の存在

人間の社会的存在が人間の意識を規定すると云われるとき、その『存在』が人間の『社会的存在』として厳密に特性づけらるるにも拘わらず、なお人は存在と意識との間の、従って存在と思惟との間の、規定関係を問題の重心としひいてはその存在を自然の存在の意味に解する。そうしてかかる解釈は、マルクス自身が唯物論を力説し、ヘーゲルを逆倒して観念的なるものを『人間の頭の中で転置《ウムゼッツェン》され飜訳《ユーバーゼッツェン》された物質的なるもの《ダス・マテリエルレ》に他ならぬ』となしたことによって、或は『経済的社会形成の発展を自然史的過程として把捉する』と云い、『社会の動きの自然法則』という如き云い現わしを用いていることによって、支持さるるように見える。（一七）のみならずまたマルクスが、独逸《ドイツ》のイデオローグ達を排撃するに当って、人間と自然或は歴史と自然とを別々の事物の如く取扱うイデオローグ達を嘲笑し、両者の間の相互制約或は同一性を強調していることも亦覆うべからざることである。（一八）しかしながら、マルクスやエンゲルスが唯物論を主張したのは、前にも云える如く、十八世紀の唯物論の意味に於てでもなければまた十九世紀の自然科学的唯物論の意味に於てでもなかった。思弁的構成を離れて現実的な生活関係から出発すること、与えられた事実そのものから出発すること、それが彼らに於ける Materialismus なのである。即ち materiell とは『現実的』と同義である。だから彼らの Materialismus を唯物論と訳するのがそもそも誤りなのであって、むしろ『現実主義』と呼ぶ方が彼らの意味するところに近いであろう。このことは彼らが自ら Materialist と称したその動機から見ても是認することが出来る。第一にこれは観念論的形而上学への反抗を表示するのである。特に神、精神、不死、世界計画等々の如き概念の拒否を意味するのである。第二にそれは思惟と独立な、思惟に先立ち根柢となるところの、事物の現実性の承認を意味する。第三にそれはヘーゲル学派の思弁哲学に対する理論闘争に根ざしている。現実離れのした思弁と対抗する立場は最もよく materiell の語によって現わされる。(一九) マルクスが『人間の頭《メンシェンコップフ》』や『自然』をふりかざしたのは右の如き思弁哲学との闘争に於てであって、その限り彼は自然科学的唯物論に同ずる如くに見えるが、しかし向きなおって自然科学的唯物論に対するときには、彼は直ちにかかる抽象的な自然の排撃に取りかかるのである。

かくの如くマルクスに於ける『自然』が思弁哲学者に対して武器とさるると共に自然科学の自然から区別さるるという点に我々はその特殊の意義を見出さねばならない。マルクスはフォイエルバッハの『感性的世界』が自己同一的な事物として把捉せられていることを非難し、我々の環境としての『感性的世界』が実は産業や社会状態の生産物であることを、即ち人間の生産に依存することを主張するのである。(二〇) 即ちマルクスの自然は『人間の行動によって変化する』自然であり、(二一) 人間の感性的な活動、労働と創造、生産をばその基礎とするところの自然である。(二二) それは人間の社会的存在の内の一つの契機であって、人間に対立し人間と独立な、或は又人間をもその一部分とするような、自然なのではない。自然科学的な『自然』は、人間の社会的存在から意識が発生し、その意識が洗練された後に、初めて成立するのである。その過程を辿って見ると、『意識は最初には最も手近かな感性的な環境についての単に感性的な意識である。……それは同時に自然の意識である。自然は人間に対して初め一の全然外的な、全能な、侵しがたき力として対立する、……それは自然についての一の純粋に動物的な意識（自然宗教）である。……しかも他方に於てそれは周囲の個人と結合することの必然性の意識である、人間がとにかくひとつの社会の中に生活しているのだということについての意識の端初である。……そこでこの自然宗教或は自然に対するこの一定の関係は、社会形態によって制約せられていると共に、また逆にこれを制約しているのである。[二三]』これがマルクスの所謂『自然と人間の同一性』であって、そこに説かるる自然はまさに原始的な社会的存在の一契機が『外なる全能の力』として意識されたものに他ならぬ。かかる自然宗教的自然が人間の社会的存在の歴史的発展につれて遂に自然科学的自然にまで発展したのである。だから我々はマルクスの『産業と商業となくして何処に自然科学があるであろうか[二四]』という言葉のあとに、自然科学なくして何処に自然科学的対象としての自然があるであろうかとつけ加えなくてはならぬ。

そこで我々はマルクスに於ける自然の概念を明かに二つに区別することが出来る。一は人間の社会的存在の一契機としての活ける自然である。それは西田哲学の意味に於けるノエーシス的な自然であって、人間を動物より区別するところの生産活動そのものの中に含まれている。人間と自然との同一性が云わるるのはこの意味に於てである。他は人間がその意識に於て他者として見出した自然である。即ちノエーマ的な自然である。主体的にではなく客体的に捉えられた対象としての自然である。それは人間の自覚的存在に於て見出されるが、それ自身は自覚的存在を持たぬ。人間より区別された動物はまさにかくの如き客体的対象としての自然物である。人間と自然とが鋭く区別せらるるのはこの意味に於て に他ならぬ。そうして自然科学が対象とするところの自然もまたこの意味に於ける自然である。

マルクスは第一の意味に於ける『自然』をもって思弁哲学と戦い自然科学的唯物論を排撃した。しかも彼がそこに『自然』の概念を用いたが故に、今や彼は第二の意味に於ける『自然』を唯物史観の根柢としたかの如くに誤解せられているのである。しかし彼はこの誤解を防ぎ得るほど充分に二つの自然を、即ち人間的存在の契機としての主体的な自然と、人間に対し或は人間を含むとせられる客体的自然とを、区別しなかった。彼が人間の意識を規定するものは『人間の社会的存在』であると云い、その存在を実践的・生産的・目的的として特性づけたときには、それは明かにノエーマ的自然ではない。しかし彼はこの社会的存在がノエーマ的な自然の存在と同一平面に於て相対する存在なのではなく、むしろ後者の『基礎』であることをあらわに力説して居らない。人間の感性的活動が感性界全体の『基礎』であることを説いてはいるが、この基礎としての存在が人間の社会的なる Existenz として自然の Vorhandenheit といかに性格を異にするかの問題には突き入って居らぬ。しかもここに社会的存在の最も中心的な問題が存するのである。だから彼の社会的存在に於ける主体的な自然の把捉がいかに鋭いにしても、それは明白に形づけられ得なかった。彼の追随者が社会的存在を再び単なる存在（有）の意味に解するのは、一半は彼自身の責任でもあるのである。

かくしてマルクスが『人間の存在とは彼らの現実的な生活過程である』と云ったことの深い意義は再び覆い隠された。かかる存在が対象的な自然の存在の『基礎』であり『根源』であることは無視され、ただそれが存在と呼ばるる故のみを以て、自然の存在の学たる自然科学と社会的存在の学たる社会科学との間の、方法上の同視さえも起った。例えばブハーリンに於ては自然科学と社会科学との相違はただ前者が自然現象を取扱い後者が社会現象を取扱うという一点にのみ存する。いずれも目指すところは『自然法則』である。社会科学さえも人間社会に於ける『自然法則』を探求するのである。[二五] しかしマルクスが『社会の動きの自然法則』と呼ぶものは、彼が資本論第二版序に於てロシアの批評家の言葉に同じているように、『歴史的時代に特有の法則』即ち歴史的発展に従って変る法則であって、歴史的発展に拘わらず常に同一な普遍的法則ではない。即ち固有の意味での自然法則ではない。——またマルクスに於ける社会的存在が自然の存在と区別さるべきことを強調するアドラーさえも、社会科学が社会的存在の学であり従って存在の学であるが故に、因果的なる存在の学としての広義の自然科学に属し従って当為の学に対立することを主張する。[二六] 然しながら人間の社会的存在が現実的な生活過程としてその実践的生産的な本質に於て把捉さるるならば、それがノエーマ的なる自然の存在と同列に置かるべきでないことは、直ちに気づかれなくてはならぬ。かかる根源的な人間の存在は、当為と対立する存在という如きものではない。人間の現実的な生活過程を除いて何処に当為の場所があるであろうか。もし当為が人間の意識であるならば、かく当為として意識に反映すべき事態が人間の社会的存在の内に存せねばならぬであろう。人間の社会的存在は歴史的である。歴史的であるとは未来を予料し未来を生産して行くことに他ならぬ。また人間の社会的存在は実践的である。実践的であるとは未来の予料に於て意志的に活動的に対象を創造し行くことに他ならぬ。予料に於て創造するところに人間の自由性がある。そうして自由に生産する社会的人間が同時に社会に於ける個人でもあるという社会と個人との弁証法的関係のうちに、まさに当為があるのである。だから人間の社会的存在は自由性や当為を含む存在であって、自然必然的な存在ではない。このことが理解せられさえすれば、人間の社会的存在の学から一切の当為を閉め出そうとする如き試みは起らない筈である。

マルクスが社会的生活の歴史的実践的性格を強調しながらも、その研究から意志や当為を閉め出そうとしたのは、意志や当為が個人意識の視点の下にのみ把捉され、社会的に把捉されていなかったからである。社会的存在の見地からは個人的にのみ把捉せられた意志や当為は当然閉め出されねばならぬ。然し個人的な意志や当為の立場から見て社会的生活過程が必然的に見えるということは、社会的存在自身に自由性や当為が欠けているということではないのである。ここにマルクスの閑却した重大な問題が存する。この問題は個人と社会との関係の問題として人間の存在の更に深い分析を要求するであろう。そうして人間の存在の根本的な構造の内に当為的な性格を読み取らずしては人間の歴史的・実践的な性格が説き得られぬということを明かにするであろう。かくして初めて、マルクス自身の『当為を離れた』と信ずる経済生活の分析が、何故に全体として当為の上に立っているか、例えば歴史的必然を以て現出した資本家階級の余剰価値の取入れが何故に『恥知らずの露骨な搾取』と呼ばれ、同じく歴史的必然を以て現出した自由競争が何故に『良心なき商業の自由』『利己主義的打算の氷の如く冷い水』と呼ばれるか、更に重大なことには『あらゆる国の無産者よ団結せよ』という如き命令が、即ち当為の形に於ける命題が、何故に力を持つか、それが明かになるであろう。(二七) 一言にして云えば歴史的・実践的なる人間の社会的存在はマルクスに於てなお充分具体的に把捉せられていない。そうしてそれの一層具体的な把捉と共に、人間の社会的存在の学が倫理学たらざるを得ないこと、経済学は単にその一面に過ぎぬことが明かとなるのである。

然しこのことによって又逆に人間の学たる倫理学が人間の道徳的意識をその主題とすべきではなくしてかかる意識の現実的地盤たる社会的存在を主題とすべきであることも明かにされる。唯物史観が道徳を一のイデオロギー的形態とする立場に於て道徳に社会を動かす力がないと云ったことは、その限りに於て正しい。我々はかかるイデオロギーとしての道徳意識に終始するのではなくしてかかる意識の根源たる社会的存在自身の当為的構造を問題とするのである。即ち所謂『物質的条件』そのものの内に道徳の根源を見るのである。

四　観念論の立場に於ても倫理学は人間の学である

現代に於て観念論を最も徹底せしめたヘルマン・コーヘンにとっては、倫理学はまさしく人間の学であった。『ソクラテスが倫理学を考え出したとき、彼は同時に倫理学に於てあらゆる哲学の中心点を見出したのである。それまでは哲学者たちは、どんなに人間のことを特別に考えたとしても、同時に数学者であり自然学者であった。然るにソクラテスは自然についてはナザレ人《びと》の如くに語る、——樹木は自分を教えることは出来ないが、町の人間にはそれが出来る。人間から逆に引き返えして初めて自然への道が通ずるのである。倫理学は、人間の学として、哲学の中心になる。そうしてこの中心に於て初めて哲学は、独立性と特性とやがてまた統一性を獲得するのである(二八)。』

このことはコーヘンによれば哲学史全体を通じて変らなかった。もとより様々の思想傾向が悉くこのことを自覚していたというのではない。然し『倫理学の対象は人間である』という思想の力と真理とは、すべての傾向の内にこもっていた。どんな他の問題が倫理学の関心のうちに導き入れられようとも、それはただ人間との関係によってのみその位置を見出し得たのである。

かく倫理学が哲学の中心になると共に、人間が哲学のあらゆる内容あらゆる価値の中心となった。哲学の重心は、即ち哲学の存在の根、哲学の権利の源は、倫理学を通じて人間に於て求められることになる。哲学からこの人間の問題を奪い取ろうとするような科学はまだ出て来ないのである。神学さえも、人間の本質についての人間的な智慧や人間的な人間学を悉く排除しようとするほどに迷い出したことはなかった。

コーヘンは以上の如く、哲学の中心問題たる『人間』が倫理学を通じて把捉されることを力説する。がそこで彼は改めて問う、人間を対象とする倫理学は、それならば、明確に限界づけられた領域、精確に規定された問題を持っているか。人は然りと答えるであろう。人間ほど我々にとって明白なものはない、と思えるからである。然るに実際に於ては、人間ほど明白でないものはないのである。でコーヘンはいう、『倫理学が初めて人間の学をもくろむのであるならば、それならばまた倫理学が初めて人間の概念を見出し得るのである。人間の概念が前提・根拠となることなしに、どうして人間についての見解が普遍的たり確実たり得るであろう。倫理学が人間についての統一的な見解から出発し得るのではなくして、寧ろ逆にかかる見解が倫理学の目標でありまたその本来の内容であるのである。(二九)』ここに於てコーヘンの立場は極めて明白になる。人間の学は人間の存在の学ではなくして人間の概念の学である。人間についての一切の認識を可能ならしめる根拠としての人間の概念の学である。『倫理学は人間の学として人間の概念の学である。ソクラテスが人間に於て倫理学を考え出したとき、彼は同時に概念を見出したのである。人間の概念に於て彼は概念を見出したのである。倫理学以前に、また以外に、人間の概念はなかった。丁度倫理学以前に一般に概念が存しなかったように。この偉大な帰結は三つの発見の、即ち概念と人間と倫理学との発見の聯関から生じたのである。（三〇）』

ここにコーヘンの徹底せる観念論の立場が明白に露出してくる。彼に於ては思惟が存在を産出するのである。従って人間の存在は人間の概念から産出せられる。概念は何であるかというあるの問として見出された。（三一）『人間とは何であるか』という人間の概念から、『人間はしかじかである』という人間の存在が産出せられるのである。

かくしてコーヘンの人間の学は人間の概念の学となり、倫理学は云わば純粋意志の論理学となる。それが意志の論理学であるが故に存在の論理学と区別して倫理学と呼ばれるのである。

五　人間の概念の学

コーヘンの純粋認識の論理学はカント風なる直観、受容性を全然排除せるが故に、『徹底的なる』観念論なのである。認識はそれが根源的に学的思惟から産出せられる時純粋なのであり、従って思惟は何らの所与・直観の多様という如きものを待つことなく原本的にそれ自身の根源から産出する。学的思惟はまさに根源の思惟である。だからこの論理学は『根源の論理学』に他ならない。思惟は無の迂路を通っておのれの根源から一切の内容を産出する。この産出の仕方がさまざまの判断及び範疇として展開せられるのである。

思惟と意志とのさまざまの相違に拘わらず、倫理学に於ては純粋意志が丁度論理学に於ける純粋思惟の役目をつとめるとせられている。純粋思惟の最奥の根柢が根源であり、そこから無の迂路によって、即ち無限判断・連続の法則によって内容が産出せらるる如く、純粋意志も亦その根源から連続によって、産出するのである。だから論理学に於て明かにせられた種々の根本概念は、そのまま純粋意志の根本概念でもある。論理学の根本概念が倫理学へ移されるというわけではなく、同一の純粋性の方法が、即ち根源よりの産出が、ただ問題を変えるだけなのである。思惟が意志に変化する、と云ってもすでに云い過ぎであって、むしろ論理的関心、自然の学への関心が、人間とその行為及びその世界史の概念への関心に変化すると云うべきである。(三)

だからコーヘンが人間の概念について展開するところは、本質に於てはその論理学特に『数学の判断』の章に於て展開するところと異るものではない。数学の判断はまず第一に実在性(Realität)の判断であるが、この判断に於て根源よりの産出は『無限小』『微分』による実在性の産出となる。この無限小に当るのが道徳の世界では Individuum(不可分のもの)である。無限小が自然の実在性を意味する如く個人は道徳の実在性を意味する。

しかし実在性の判断によってはまだ内容は産出されない。内容が成立するためには『他者』が出て来なければならぬ。そこに第二の多数性（Mehrheit）の判断がある。多数性の発生は時間の範疇によるのであるが、時間は未来を、即ち予料を根本的な働きとすることによって過去を分出し、他者を成立せしめ、従って内容を産むのである。ここで数は加えることの出来る1となり、従って加えられたる多数となる。この多数性の意味が精神科学に於ては『社会』(三)の概念となる。だから社会の理念に於てはその成員の個別性、法律や文化の制度の個別性は欠くことの出来ぬ前提である。ところでかかる多数は無限に加えることの出来る数である。そうして無限に加えた総和はこの段階では出て来ない。そこでこの無限な加法にまとまりをつけるのが第三の総体性（Allheit）の判断である。それを無限級数が現わしている。積分は無限級数が無限小と結合している総体性に他ならぬ。然しかかる積分は数以上のものである。それは時間によって産出された内的内容だけではない。そこには空間の範疇による外の産出が含まれている。数としての内容が自然としての内容になる。時間は小止みなき去来を産出し従って差異性を産出するに留まって、そのまとまりをつけることが出来ぬ。それに対して空間は共在である。総括を産出する。かくして総体性が成立する。この総体性が道徳の世界に於ては共同態（Gemeinschaft）として把捉され、特に明かに『国家』に於て現われる。実在性の判断によって産出された個人、多数性の判断によって産出された社会は、この国家に於てその真の統一に達するのである。

以上の如きがコーヘンの論理学に於て説くところである。人間の概念は個人としての個別性、個別を含む多数性、及び真の統一としての総体性に於て捉えられる。倫理学に於て説くところも要するにこれを出でないのである。

『純粋意志の倫理学』第四章に於てコーヘンは純粋意志の概念から出発して右の如き人間の概念を展開する。純粋意志が欲望と異るのは、欲望が対象に向うに対して純粋意志がただ行為にのみ向うことである。（三四）この区別によって思惟と意志との区別も亦明かになる。思惟は常に対象にかかわり、思惟の純粋生産たる概念は対象の象徴に他ならぬ。それに反して意志は全然対象にかかわらずただ行為にのみ向う。かくして純粋意志に於ては意志の主体が問題である。意志及び行為に於て実現さるる意識の内容は客体ではなくして主体自身である。これを彼は客体の意識から区別して自己意識（自覚）と名づけている。

コーヘンはここに『意識の統一』（三五）と『自覚』とを明白に区別して、自覚という云い現わしを特に倫理学のために用いるのである。意識の統一は概念の統一に於ける統一であり、概念の統一は客体の統一による統一に他ならぬ。然るに倫理学に於ては主体の統一が取扱われる。これは特に『自覚』として客体的統一から区別されねばならぬとするのである。

そこで倫理学の根本問題は『自覚とは何ぞや』となる。この問はまた『自我とは何ぞや、自我の充実せる全内容を純粋に生産する如き自我の根源はいかに規定すべきであるか』と云いかえられている。

自我の根源を探るにあたってコーヘンはフィヒテを捕える。フィヒテは自我に対して非我を立てたが、この非我は『物』『客体』である。知識学の場合にはそれでよいであろう。しかし倫理学の場合にはそうであってはならない。倫理学の問題としての自我の問題はすでに客体を離れたのである。だから非我の問題も客体としてでなく主体として即ち自我の問題の中で考えられなければならない。非我は我の否定である。我に於て否定の迂路無の迂路によって求められるのは、我の根源に他ならぬ。従って非我は我の根源の概念として、あくまでも『客体』『自然』にかかわることなく、ただ自我がその根源を持ち得る場面としての『人間』の概念にのみ関係し得るのである。ところで自我の根源を探って無の迂路をたどるとそこに他者（das Andere）の概念がある。非我は他者である。他者が自我を産出する。『自我が他者の純粋生産によって制約されその他者から出て来る、というのでなくては、自我は定義され得ぬ、即ち産出され得ぬ。……自己意識は意志にとっても行為にとっても唯一者としての自己の意識を意味することは出来ない。むしろこの自己は、たとい他者を含むのでないとしても、他者に関係させられねばならぬのである。……自他という以上は自と他とは孤立して存せねばならぬ。しかしまさにその故に孤立しては存せぬのである。自と他とは相互に聯関し、その相互聯関に於て自己意識を形成する。自己意識は何よりも先ず他者の意識に制約せられている。この自と他との合一が初めて自の意識を、純粋意志のそれとして生産するのである。』(三六)

然るに自我を産む他者は、丁度それが他者であるというその理由を以て、人間の多数性なのである。人間の多数性はどこから来るか、第二の人間、傍《そば》の人間はどこから来るか、という問に答えるものは、まさに他者の概念である。無の迂路は自我を産むと共に人間の多数性を産むのである。コーヘンはそれを簡単に次のように云い現わしている。『人間が個単に個人であるかの如く見えるのは仮象である。もし人間が個人であれば、また人間が個人である限りに於ては、彼はただ、個人（Individuum）が多数の個人（Individuen）であることによってのみ、またそのことに於てのみ、個人たり得るのである。人間から多数性を引き離すことは出来ぬ。(三七)』

この多数の個人なるものを最も純粋に摑んでいるのは、法律学である。論理学に対して数学が持つと同じ地位を倫理学に対して法律学が持っている。(三八)そこでコーヘンは法律学に於ける法人の概念の内に恰《あたか》も数学に於ける無限級数の如き機能を見出す。家族や民族という如き自然的団体は、人間の統一を示す如くではあっても、なお多数性の段階に留まって真の統一即ち一つの人格となってはいない。然るに法人は、単なる総和以上に、法律的主体の統一として、総体性にもとづくのである。法的組合の意志は個々の人格の意志の総和ではない。ここでは『多数の意志は一つの全体意志に合一する。その根拠は多数の人格が一つの全体性に合一するからである。……もし組合が全体性として（個々の成員の無限の総括という）総体性の論理的性格を取り得るとすれば、それはただその法律的活動や法律的存在を成立せしめる意志行為に関してのみである。この法律行為はこの組合の個々の成員の決議によって形成される。決議は云わば個々の意志を統一的意志に総括するのである。この統一的意志は個々の意志のいずれにも属しない。それは全体意志である。（三九）』この全体意志が法人の概念を形成する。それを単に擬制（Fiktion）と考えるのは仮説（Hypothesis）の深い意義を理解しないからに過ぎぬ。かくして法人に於ける全体性が人間の総体性を開示するのである。『法人の自覚は総体性を実現し得る意志の統一の自覚である。（四〇）』コーヘンはこの最高の統一を国家の概念に於て認める。法人の自覚は国家の概念である。そうして国家の概念は倫理的自覚の最も精確なる模範である。人は誤って国家の概念を支配の概念のもとに考えるが、しかし国家の概念は人間の総体性を示すのであって権力の支配組織や財産関係を意味するのではない。現実の国家がいかに支配権力の悪用の上に立っていようとも、国家の概念は国家の現実に於て意義を持つのではなく倫理的なる自覚の指導概念としてのその価値に於て意義を持つのである。だから国家の概念は人間の統一の概念と相覆う。『国家と人間性（Menschheit）との対立は仮象に過ぎぬ。吾人は人間の統一を国家の統一に於て根拠づけようとするに当って、人間を人間性から引離したりなどはしない。むしろそれによって、個々の人間と普遍的な人間性との間の対立が真にアウフヘーベンせらるるところの正しい手段を獲得するのである。この方法的な道に於て初めて人間性は倫理的理念となる。然らずば人間性（Menschheit）は信仰を語る思想に過ぎないであろう。それはやがてうまく行っても自然主義的概念に支持を求めることになる。何故なら人類（Menschengeschlecht）の統一という目的論的原理は自然主義的概念に過ぎないからである。（四一）』

以上の如きがコーヘンに於ける人間の概念である。『人間の概念はかかる複雑な形《ビルト》を現わしている。個別性と多数性（即ち特殊性）、及び総体性。そうしてすべては同時に、すべては一となって。……末ともとは方法的にも事実的にも分たれない。人間の概念が道しるべとなるところのこの三つの道、即ち個別的なるもの、特殊的多数性、及び総体性は、交叉する道ではないのである。この三つの道は道程のあらゆる一歩一歩に於て相伴わねばならぬ。三者の合一に於てのみ人間の道は存する。（四二）』

　これは確かに輝やかしい人間把捉である。我々の求めるところも亦この三つの方向の合一に於ける『人間の道』に他ならぬ。然しながらこの人間の概念に於ては、肉体を持てる人間はどうなっているであろうか。それは人間の概念から産出されるのである。『人間とは何であるか』という問から、即ち概念から、人間の存在が生れるのである。果してそうであろうか。我々がコーヘンの人間の概念の学に留まり得ない所以はここに存するのである。

　『何であるか』の問が『何々である』に先立つことは、なるほどコーヘンのいう通りである。その限り概念が存在（有る）に先立つ。しかし概念に先立たれた『存在』は論理的存在であって具体的存在ではないのである。『である』であって『がある』でもなくまた『存在』でもないのである。後に詳しく説くように、かかる論理的なSeinを『存在』と訳するのは誤っている。『人間はしかじかである』の『ある』を『存在』という言葉で置き換えることは出来るであろうか。『存』は時間的にあるのであり、『在』は空間的にあるのである。時空の限定を持った『ある』は論理的な『ある』ではない。(四三)我々が問題とする人間の『存在』は、歴史的地域的な限定を伴える真の意味の存在である。かかる存在は『何であるか』という問の出る地盤であって、かかる問から生れるものではない。

ここに於て明かなことは、我々の問題とする人間の存在がコーヘンに於ける人間の概念をさえも更に産出する場面だということである。人間の概念は根源的なる人間の存在の把捉としては正しい。しかしそれを純粋意志自身の産出と見るのは明かに思弁的構成である。純粋思惟も純粋意志も、共に所与を待たずして根源より産出する。然し思惟が概念を産出すると同様に意志も亦概念を産出しなければならないのは何故であるか。コーヘンがただ思惟のうちにのみ留まっているからである。そうしてそれは彼の哲学全体があくまでも学問の立場を出発点とし学の根拠づけをのみその任務とすることに帰因する。

コーヘンはカントの批判の仕事をただ学の根拠づけとのみ解した。従って批判は学の事実に基かねばならぬ。然るにカントは第一批判に於て数学自然科学の事実に基きそれらの学の根拠づけをなしたに拘わらず、倫理学に於ては足がかりとすべき学を見出し得なかった。コーヘンより見ればこれはカントの批判主義の不徹底である。そこで彼は数学に対応する法律学を見出した。倫理学は精神科学の論理学であり法律学は倫理学にとっての数学である。従って倫理学は法律学の事実に基きその根拠づけをなさねばならぬ。然しこのようなコーヘンの考は同じ学派のナートルプによってさえ既に斥けられている。『学は、実践的なるものの学と雖《いえども》、それ自身理論である。理論の法則が理論自身に於て（従って学の事実に於て）確立せられ得ると同じく、実践の法則は実践自身に於て確立せられ得る。』(四四)これ明かにカントが倫理学に於て学の事実を求めなかったことの是認であり、更に一歩を進めてかかるものを求むべきでないとの主張である。実践の学は実践自身の内に実践の法則を見出さねばならぬ。見出すのは理論であるが、見出されるのは実践自身の法則である。即ち概念はあくまでも思惟によって産出せられるのであるが、概念せられるもの即ち把捉せられるものは意志的存在の構造である。もし純粋意志の産出をいうならば、それは実践的産出であって概念の産出ではない。然しかく考えると共にコーヘンの立場は崩れなければならぬ。何故なら倫理学に於ける概念の産出は実践的産出をその根源とし従って概念的ならざる実践的存在を背景に持たねばならなくなるからである。云いかえれば人間の概念が人間の存在から出て来なければならないからである。

観念論は学問の立場に引き籠るや否や覆えすべからざるものになる。存在を問題にしようと実践を問題にしようと、問題にすることに於てそれはすでに思惟の網にかかっている。

学問の立場自身に於ては思惟よりも先なるものは断じてないのである。しかし実践自身は学問の立場を超出する。学者が思索し始めるということは、実践に於けるただ一つの態度である。この態度の中で実践が思惟により産出せらるるものになろうとも、この態度そのものを含むところの実践は厳として思惟の根柢に存している。学問の立場に没入した思弁的構成に於てはこの素朴な事実が見失われているのである。『事実に帰れ』という標語は、この素朴な事実を学問の立場の中に連れ戻そうとするに他ならぬ。即ち学問の立場に於てこの立場が実践の中の一つの立場であることを自覚し、この立場の内部に於て絶対的な初めであるところの思惟が、それ自身実践的な存在に根を下ろしていることを承認するにある。

コーヘンがそこから出てそれを徹底させたと考えられるカントは、実はコーヘンが全然見失っている右の事実を明かに見ていたのである。

六　カントに於ける人間の学

カントは Anthropologie と名づけらるる著書を残している。これは人間学と訳さるべき言葉である。しかしカントがここに試みたのは思惟の根柢にさえも存する人間の実践的存在の学ではない。彼が序文に於て明かに断っているように、それは『人間知を体系的にまとめた学』(eine Lehre von der Kenntnis des Menschen, systematisch abgefaßt)である。従って自然学的な人間知の学としての自然学的アントロポロギーもあれば、また自由に行為するものとしての人間に関する経験知の学、即ち実際的見地に於けるアントロポロギーもある。カントは後者を試みるのである。従ってこの学の根源はまず同じ町や同じ地方の人々との交際に於て得られた人間知(Menschenkenntnis)であり、次で旅行や旅行記によってそれを拡めることが出来る。更に補助手段としては、世界史、伝記、演劇、小説等を使うことも出来る。かかるアントロポロギーとしてカントの著したものは、なるほど一種の経験的心理学ではあるが、しかし現代の経験的心理学とは異って、日常的具体的な人間を経験的に捕えようとしているのである。だからかかる学を根本的に作るためには、人間の本性自身に存する重大な困難があるということも、カントは明白に承認している。『一、ひとが自分を観察し研究していると気附いた人間は、当惑してありのままの自分を示し得なくなるか、或は自分を他のものに装ってありのままの自分を知られることを欲しないかである。二、人が自分自身だけを研究しようと欲する場合でも、特に情緒の状態についていうと、それは通例他のものに装うというようなことはないけれども、やはり行き詰って了う。というのは、衝動が働いているときには観察はしていない、観察するときには衝動は静まっている。三、ところとときの情勢が持続的であると慣わしを作り出す。これはよく云われるように第二の天性であって、人間がおのれ自身をどう考えるかという判断を困難にする。のみならずその交際している他人をどう考えるかという判断までも困難にする。というのは（ときやところは変り得るのであるから）、人間が運命によって置かれた境位或は自分から冒険的に飛び込んで行った境位が変動すると（そこで己や他人が急に解らなくなり）、人間学《アントロポロギー》を形式的な学にまで高めることが困難になるのである。（四五）』もしこの困難が正当に承認されるならば、総じて人間をその具体的な姿のままに経験的帰納的学問の対象とすることが不可能であるとの結論に達しなければならぬ。人間はノエーマ的に見らるるとき、ありのままの人間ではなくなるのである。然らばカントの挙げた困難は彼自身のアントロポロギーを学として否定するものでなければならない。しかも彼がなお敢てこれを試みるのは『人間知』なるものに或力を認めたからであろう。人間知は、たとい体系的ではないにもせよ、人間をノエーマ化せずしてノエーシス的に摑んでいるのである。観察せらるるとき鎮まっている衝動をすでにその活動の姿に於て理解しているのである。観察せらるるときに示さない他人のありのままの姿をすでに観察以前に理解しているのである。しかしこのように、観察や判断以前に日常の交渉に於てすでに人間をノエーシス的に理解している人間知は、一体何を根柢としているか。カント風に問えば、『人間知はいかにして可能であるか。』カント自身はこの問を提起しなかった。しかも彼が自ら認めて困難とするアントロポロギーを『人間知の学』として試みたとき、彼は事実上この問を押し出したのであると云わなければならない。

カントが問題とせずしてしかも内に抱いていたこの『人間知の可能根拠』の問題は、もし大胆に断言することが許されるならば、実はその実践哲学に於てすでに捕えられているのである。

　このことを証示するために我々はカントの哲学の定義を顧みなければならない。彼はその『論理学』の緒論三に於ていう。哲学とは概念による理性認識である。理性認識とは原理からの認識でありアプリオリでなくてはならぬ。かかる理性認識の体系、即ちかかる理性認識を充分に貯えその間に体系的聯関をつけること、全体の理念によってそれらを結合すること、それが哲学である。然しこの意味の哲学は、この学の学究的概念（Schulbegriff）に過ぎぬ。かかる哲学はただ巧みさ、熟練をねらっている。ただ思弁的知識をのみ求めてそれが人間理性の最後の目的にどれほど貢献するかを考えない。これに対して世間的概念（Weltbegriff）によれば哲学は人間理性の最後の目的の学である。この高い概念が哲学に威厳を与える。即ち絶対的価値を与える。前者は理性の技術であって任意の目的に対する理性使用の規則を明かにするが、後者はかかる目的の最高の統一たる最後の目的を明かにする。だから実践哲学が本来の哲学である。

　かくして『世間的概念に於ける哲学は、あらゆる認識及び理性使用を人間理性の最後の目的に関係させる学である。

……そこでこの意味の哲学の場《フエルド》は次の問に要約することが出来る。

一　我は何を知ることが出来るか。
二　我は何をなすべきであるか。
三　我は何を望んでよいか。
四　人間とは何であるか。
第一の問には形而上学が答える。第二の問には道徳学[四六](Moral)が答える。第三の問には宗教が答える。第四の問には人間学(Anthropologie)が答える。しかし初めの三つの問は最後の問に関するが故に、根柢に於てはこれらをすべて人間学に属すると見ることが出来るであろう[四七]。』

本来の哲学は実践哲学である。そうしてこの哲学の根本問題は根柢に於て皆人間学に属する。かかることが第一批判よりも二十年後に、その『人間学』の第二版が出た年に、エッシェによって編纂された『論理学』に於て説かれているのである。ここに云うところの人間学が経験的学問としての人間学でないことは云うまでもないであろう。それは人間の知識の源泉を探り経験の可能根拠を明かにするという如き学問をもなお基礎づけるところの、最も根源的な学でなければならない。カントは果してかかる人間学を真面目に考えていたのであろうか。

然り。我々は第一批判末尾の『純粋理性の Architektonik』の章に於て、言葉も内容も殆んど右の箇所と変らない、同じ主張を見出すのである。元来カントがここに Architektonikの語を用いたのは、アリストテレースの『エティカ・ニコマケア』に由来する。この書の初頭に於てアリストテレースは個々の技術（tekhnē）がそれぞれ目的（telos）を持ちつつ一は他の手段としてそれに服属するという関係を説いている。手綱やその他の馬具を作る技術は乗馬の技術に隷属し乗馬の技術はその他の軍事行動と共に戦術に隷属する。かかる場合上位の技術がarkhitektonikēと呼ばれるのである。従って主要技術の目的は他の目的をおのれに隷属せしめる。アリストテレースはこの関係を学問に適用し、我々の実践の目的の最高なるものを認識しようとする学は、最も権威ある技術、真実の主要技術（arkhitektonikē）でなければならないとする。それが彼に於てはpolitikēである。（四八）カントはこれを理性認識の問題に移し、理性の主要目的から、即ち理念から生ずる図式はarchitektonischな統一を与え、経験的に偶然に現われる目的に従って計画せられた図式はtechnischな統一を与えるとしたのである。（四九）これは論理学の緒言に説かれる『人間理性の最後の目的』と『世間概念に於ける哲学』、『理性の技術』と『任意の目的』との関係に丁度あてはまっている。カントがArchitektonikを『体系の技術』と呼び、純粋理性からのあらゆる認識のArchitektonikを説いたときに、その背景にアリストテレースの実践哲学が存したということは、恐らく軽視すべからざる意義を持っているであろう。

果して彼は『知識の体系的統一、従って認識の論理的完全性、という如きものより以上のものを目的とすることなく、ただ学としてのみ求められる認識の体系』を、ここでもまた哲学の学究的概念、理性技術家の仕事として斥けた。それに反して『あらゆる認識が人間的理性の本質的目的に対して持つ関係の学』としての哲学が真の哲学とせられた。それは『何人もが必然に関心を持つものに関する概念』としての『世間的概念』に於ける哲学である。しかし本質的目的はなお複数であって唯一最高の目的ではない。『だからそれは究極目的（Endzweck）か、或は究極目的に必然的に隷属する諸目的かである。究極目的は人間の全体的規定にほかならぬ。そうして究極目的に関する哲学は道徳学（Moral）である。(五〇)』然らば真の arkhitektonikē は、『人間の全体的規定』に関する哲学であり、そうしてカントはそれを究極目的の学としての道徳学に於て把捉しているのである。この道徳学は単に『我は何をなすべきであるか』の問に答えるのみではない。かかる答の基礎としての人間の規定、即ち究極目的としての人間の規定をその仕事とするのである。これ論理学の緒言に於て『人間学』と呼ばれるものに他ならぬ。勿論カントは第一批判に於ても第二批判に於てもアントロポロギーを根柢とするのでないことを繰り返して断っている。『道徳の形而上学は本来純粋道徳学である。そこでは何らのアントロポロギーも（何らの経験的制約も）、根柢に置かれない。(五一)』しかしカントがそれによって『人間の全体的規定の学』たる人間学を斥けているのでないことは一見して明白である。

　かくしてカントの道徳学、実践哲学が、最も根本的な意味に於ける人間の学であることも亦明白である。カントはそれを『道徳の形而上学の基礎づけ』に於て内容的に明かに実現している。道徳の最高原理を人間性の原理として、『汝の人格に於ける、及びあらゆる他の人格に於ける人間性を、単に手段としてのみ取扱うことなく、常に同時に目的として取扱うように行為せよ』という形に現わしたとき、そこに人間の学の結晶が見られるのである。それは人間の本質的規定、即ち『人間はそれ自身に於ける目的（自己目的）として存在する』という人間の存在の規定（五二）を地盤とし、かかる究極目的としての人間の存在に対する単に手段としての自然の存在の区別に基き、そうして人間の手段的・自己目的的なる二重構造を眼中に置いて初めて作られた公式である。カントの道徳の形而上学が人間存在の存在論であるという解釈は決して強弁ではない。

　このカントの人間の学は明かに人間の概念の学ではない。カントに於ては超越論的人格性が概念を乗せる車、概念の根源であるが、第一批判に於て全然思惟や概念の対象たり得ずとせられたこの人格性が、実践哲学に於ては正面の問題となるのである。従ってそこではノエーシスとしての人間をノエーマ化せずして把捉するのであり、この把捉によって、即ち人間の学の結果として人間の概念が生ずるとしても、人間の学より先に人間の概念があるのではない。概念に先立って、その根源として、人間の実践的存在があるのである。しかもその存在があらわになる仕方は、純粋感情に於ける直接の顕現である。おのれがおのれに対して直接におのれを示すのである。かくして実践の法則は直接に実践自身から汲み取られる。カントの『実践理性の優位』は学問の立場に引籠っている限り支持し難いであろうが、実践を思惟の根柢に置く立場からは当然支持すべきものとなるであろう。しかしながらカントに於ける人間の学は、その人間性即ち究極目的としての無差別性の力説にも拘わらず、人間の共同態をその具体性に於て摑むことが弱い。コーヘンが明かにしたような、個別性と多数性と総体性との相即融合は、人間の実践的存在の構造として充分に明かにされて居らない。この点に於て我々は個人的意志を視界の中心に置く人間の学の不充分さを感ぜざるを得ない。人間の学は人間の個別性を捕えて放さないものであると共に、また人間の共同性を、即ち社会を摑んでいなければならぬ。

七　アリストテレースの politikē

アリストテレースは体系的な倫理学を書いた最初の人と云われている。(五三) しかしこの倫理学 (ta ēthika) と命名された著書は、アリストテレース自身によっては倫理学と呼ばれていない。彼が取扱うのは politikē である。バーネットによれば、politikē と区別して ēthikē を学として立てるというような考は、彼の著書には全然見出せない。ēthikē と云う言葉を名詞として使った例も彼の著書には一つもない。(五四) 現在 Ethica として伝っている著書は事実上 Politica と呼ばるる著書と著作の年代を異にしている。両者は同一の著書の部分とは見られぬ。がそれにも拘わらず Ethica はあらゆる部分に於て Politica を待望し、Politica

はあらゆる部分に於てEthicaを前提としている。Ethicaは『人間の善』（人間にとってのよきこと）が如何にして実現されるかと問う。そうして統治が性格を作り出す手段であり、この性格によって人間の善をなす活動が可能になると答える。Politicaはこれを受けて統治や国家の制度に関することを議論する。全体が一つのmethodosを形作っている。だからēthikēを一つの学として立てているのでないように、また統治や国家を取扱う部分をのみpolitikēと呼んでいるわけでもないのである。だから普通にPoliticaと呼ばれている著書をも、著者自身は決してpolitikēと呼んでは居らぬ。それはEthicaと呼ばるるものをも含んでいる大きいpolitikēの一部分としての、ポリス的（社会的）人間生活、或はポリス的（社会的）制度組織に関する部分（peri politeias）なのである。[五五]

かくしてPolitik（政治学）に対立するEthik（倫理学）なるものは、実はアリストテレース自身にとっては存在しないのである。だから近代の意味での倫理学、即ち政治学に対立する意味での倫理学をアリストテレースが初めて書いたということは明かに嘘である。なるほど彼は個人の視点から人間の善を考察してはいる。然しそれはポリス即ち社会の視点からそれを取扱うことと相待って一つの研究となるのである。従って彼はこの研究全体を明かに『人間の哲学』（ta anthrōpeia philosophia）と呼び、それが個人及び社会組織の両面から考究されて初めて完成するものであることを明言している。[五六]ここに我々はアリストテレースの倫理学なるものが実は人間の学であったということを確実に把捉し得るのである。

アリストテレース自身はこの『人間の哲学』をpolitikēと呼んだ。politikēとは『ポリスの人間（politēs）に関すること』の意味である。だからそれは『政治の術』をも、また『政治の学』をも、意味し得る。がその根本に於ては、ポリスの全体性に於ける人間の学、即ちその個別性と共同性に於けるポリス的人間の学である。ギリシア人は人間の共同態即ち社会を云い現わすにポリスという言葉をしか知らなかった。(五七) ethnosは未だ充分に組織せられざる人間の群である。だからto politikonやhoi politaiは内容的にはcommunityを意味する。従ってpolitikēは『社会的人間の学』である。嘗《かつ》てチェースは何の遅疑するところもなくpolitikēを『社会の学』（Science of Society）と訳した。(五八) それは決して大胆過ぎはしないのである。

アリストテレースはかかる意味のpolitikēを、即ち『社会的人間の学』を、真実の主要技術（arkhitektonikē）となした。あらゆる他の学が目ざすところの目的（即ち好きこと）は、すべてこの主要技術が目ざすところの目的に隷属する。従って『社会的人間の学』の目ざすところは、最高の目的、最高の好きこと、即ち『人間にとっての好きこと』（人間の善、anthrōpinon agathon）である。云いかえれば『社会的人間の学』の問題は、人間の善とは何であるか、である。それは問題自体としては決して個人に限られては居らない。ポリス即ち社会にとっての目的と個人にとっての目的とが同一である場合でも、社会の目的はより偉大でありより完全である。個人のみの目的を遂げるのも価値あることではあるが、民族のために或は社会のために目的を遂げる方が、一層美しく一層貴い。かかる目的こそ社会的人間の学が追求するところである。（五九）

　アリストテレースの倫理学と呼ばるるものは、実はかかる理念のもとに作られたのである。それがその遂行に当って先ず最初に後代の倫理学と呼ばれるものに限局せられるのは、一はアリストテレースの思想内容に基き、一は考察上の便宜の処置に基くのである。彼はarkhitektonikē たる社会的人間の学の目ざす最高の目的最終の目的を、『幸福』として規定した。（六〇）それは最終の目的であるが故に他の目的の手段となることなくそれ自身に於て満たさるるものである。しかし『自足（autarkeia）とは独りの人・孤独の生を送る人にとって足るという意味ではなく、両親、子供、妻、一般に友人たちや社会の人間にとって足るということである。何故なら人間は社会的人間（politikos）として生れているからである。然しここに何か制限が置かれなくてはならない。祖先や子孫や友人の友人やに押しひろめて行くときりがない。……でここには自足をば、孤立させられても生を望ましきもの足れるものたらしめるものとして定義する。それは幸福だと思う。（六一）』ここに人間を孤立させて考察するという方法が便宜上採用されたのであることは、極めて明白に云い現わされている。しかし便宜上にもしろ自足が孤立的人間に於て考察せられ得るとするのは、孤立的人間に於ても一つの自足的完結態を認めるところの、個人主義的傾向がアリストテレースに存するからである。この傾向は希臘の前四世紀の特徴であり、来るべき三世紀の世界人(kosmopolitēs)の立場を先駆している。然しまたアリストテレースの個人主義は、人間の個別性に於てのみ行為の規矩を認めて、人間の全体性を全然限界から失ったような個人主義ではない。彼はあくまでもポリス的人間の全体性を把持しつつ、同時にこの全体性に於て可能な人間の個別性を、同じく根源的なものとして重視したのである。ここに人間の個別性と全体性との間の弁証法的な関係が、漠然とながらも把捉せられている。人間は全体に於て個人であると共に、個人に於て全体である。アリストテレース自身の言葉で云えば、『ポリスは個人より先である』[六二]と共に、個人にのみ唯一の実在性がある。彼が社会的人間の学を先ずこの個人から始めたのは、まさにこのような立場に於てのことなのである。

社会的人間の学としての『ポリティケー』はかくして先ず初めに『エティカ』と呼ばれるような部分を形成する。そこでは人間の社会的存在は捨象せられ、ただ動植物からの区別に於てあらわになるような人間的存在のみが問題とせられている。人間の存在が自然の存在と異るのは、ロゴスによる実践としての人間の働き(ergon)・活動(praxis)の故である。道徳はちょうどこの場所に存する。人間の善は『徳に合える心の働き』[六三]である。倫理学(Ethik, ethics)がその名を負うている ēthikē も、人間を自然より区別する『徳』の形容詞として用いられている。ロゴスに基く徳は、一方では知的(dianoētika)であり、他方では道徳的（ēthika）であるが、この道徳的（ēthika）という特性に於てまさに人間が自然から区別せられる。何故なら ēthika は ethos（習慣）から導出せられたのであり、そうしてその習慣なるものが丁度自然物に欠けているところだからである。自然物は習慣によってその本性を変えはしない。石を幾千度投げ上げても上へ動く習慣はつかぬ。然るに人間は習慣によってその本性を変える。習慣（ēthos）の結果として道徳的（ēthika）の徳を作り出す。(六四) かくして道徳は、先ず初めに、社会的存在から引き離された個人としての人間の存在を、自然の存在に対して区別することの上に築かれるのである。

　この部分のみを取ってアリストテレースの倫理学と呼ぶならば、それはまさしく個人的倫理学である。またその点に於て彼は明かに前五世紀の思想、特にその代表的な継承者としてのプラトーンと異っている。プラトーンに於ては、個人の人格の道徳的価値が強調せられるにも拘わらず、なお個人は何らか普遍的な力への参与によってのみその意義を獲得する。個人を初めて発見したソークラテースに於て、その個人の本質が理性の内に、即ち概念の認識・普遍者の認識の内に、置かれている如く、プラトーンも亦個人の本質内容をただ普遍からのみ理解した。然るにアリストテレースは、個人のうちにそれ自身の本質内容を置いたのである。個人の存在根拠・権利根拠は、普遍に存せずしてそれ自身の内に存する。個性とは形相に於て統一せられた多様、即ち形相に限定せられた質料に他ならぬが、この統一はただ内からの発展によって、即ち根源的に既にそこにあるものの開展によって、達せられるのである。そこで個人はそれ自身に根拠を持つもの、普遍の領域から何物かを借りるに及ばないものとなる。ロゴスは個人に於ける内よりの発展の方向である。アリストテレースはその倫理観をかかる個人の上に築いた。古い立場では個人は全体性への位置によって評価せられる。全体性より出て来る規範に個人は服従しなければならぬ。然るにアリストテレースは全体性が個人を決定するという関係を離れて、ただ個人自身の内に道徳的なるものの根拠や目標を認めた。個人の人格の開展、即ちロゴスによる実践が、それだけで倫理的価値を持ち得るとした。これ明かに近代の意味に於ける人格主義的な倫理学である。（六五）我々はアリストテレースの社会的人間の学が右の如き倫理学として始まっていることを毫《ごう》も無視するのではない。

ただしかし我々は、右の如き考察があくまでも社会的人間の学の一部として、便宜上の抽象的方法によって、行われたのであることを、忘れてはならない。それは決して独立の学ではなくして、一つの学の方法上の部分である。自然より区別せられた人間の個人的存在に於て、人間の全体性に規定せらるることなく、人間にとっての善が規定せられた。然るにこの善の根柢たるロゴスによる実践は、実は決して個人的なものではなかったのである。個人はその実践のために必ず社会を必要とする。社会はまた個人に於てその実践を実現するのである。だから便宜上個人の視点に於て考察せられた人間にとっての善は、実は『個人にして社会である』ところの人間にとっての善に他ならない。習慣（ethos）が性格

（ēthos）となり道徳性となるということも、人間の個人的・社会的な二重性格を根柢とせずしては、全然無意味になる。だから『エティカ』と呼ばるる部分に於て自然の存在から区別せられた人間の存在は、更に『ポリティカ』と呼ばるる部分に於て個人的・社会的なる存在として明かにせられると云ってよいのである。

『エティカ』の部分に於ては人間の本性はロゴスによる実践・活動に認められた。今や『ポリティカ』に於ては人間の本性が社会的生活に認められる。（六六）男女は互に他なくしては存在し得ぬものである。だからそれは本性上家族として結合する。家族の全体性が夫・妻・子と云う如き個人よりも先である。日常生活の需要はこの全体性に於て充たされる。しかし日常生活の需要充足よりも高い目的が目ざされる時には、家族が相寄って部落をなす。最も自然的な部落の形式は、同じ家族から出たコロニーである。更に多くの部落が、殆んど或は全く自足し得るほどに大きい一つの完全な社会に結合するとき、ポリスが現出する。それは生活の必要に基き、善き生活のために存続する。家族や部落が人間の本性《ピュシス》に基いているように、ポリスも亦人間の本性に基いている。何故ならポリスは家族や部落の目的《テロス》であり、そうして事物の本性《ピュシス》はその目的《テロス》に他ならぬからである。かくしてポリスは人間の本性にもとづくものであり、人間は本性上ポリス的動物である。（六七）

ところで蜂やその他の集団的動物も亦ポリス的動物である。人間がそれらと異るのは言葉（logos）を持つことに他ならぬ。言葉《ロゴス》を持つことは正や不正、善や悪を弁別し得ることである。かかる弁別の共同が家族やポリスを成立せしめる。

ここに人間の二つの根本的規定が交叉させられている。ロゴスは言葉であると共に理性である。言葉としてはそれは人間の社会的存在に根ざしているのであって、自他相互の関係なきところには言葉も発生しない。言葉の地盤は人間が本性上ポリス的動物であることである。しかし他方でロゴスは理性となる。何故なら自他の関係は自他の間の直接の理解的交通であり、この理解はすでに善悪正不正の弁別を含んでいるからである。例えば男女が他なくしては存在し得ぬのは、すでにその合一を理解しているからであり、合一の理解はすでにこの合一の『のり』『かた』の理解を含むのである。かくして人間の社会的存在は同時に理解的存在であり、言葉を持つことは同時に道徳的なのりを持つことになる。云いかえればロゴスは人間に言葉を与えると共にまた道徳的規範を与える。その言葉も規範もただ共同生活に於てのみ意義を持つものである故に、ロゴスは人間に於ける個別態と共同態との内的聯関を基礎づけるのである。

そこで本性上ポリス的動物でありつつロゴスを持つことを特性とする人間の、個人的・社会的性格が明かにせられる。『ポリスは本性上家族及び個人よりも先である。何故なら全体は必然に部分より先だからである。例えば身体全体が破壊せられれば、もはや手も足もない。死人の手足と呼ばれるものは、石で作った手を手と呼ぶのと同じ意味に於て手足なのである。しかし手足という如き物はその働きや力によってそれとして限定せられるのであるから、それらがもはやその特殊の性質を持たない時には、同じものであるということは出来ぬ。ただ同じ名を持っているだけである。ポリスが人間の本性にもとづくものであり、個人よりも先であるという証拠は、個人が孤立させられると自足的でなくなること、従って個人はポリスに対して全体に対する部分の関係に立っていることである。社会の内に生きることの出来ぬもの、或は自足せるが故に社会を必要とせぬものは、ポリスの成員ではなくして獣か神かである。（六八）』

この全体と部分の関係は、身体と手足との例によって明かなように、弁証法的に把捉せられている。全体が部分に現われることによって部分は初めて部分たり得るのであり、全体の破壊は同時に部分の破壊である。個人が社会に先立って存し、それが結合して社会をなすのではなく、社会が個人に先立ち、個人を個人たらしめるのである。従って個人とポリスとの対立なるものは、ここでは弁証法的に克服せられる。嘗てこの対立を利己主義の立場から克服しようとしたソフィストは、個人を個人たらしめるのが社会であることを見失った。逆にポリスの立場から克服しようとしたプラトーンは、社会が個人を消滅せしめるのでなく初めて個人たらしめるのであることを見失った。アリストテレースがプラトーンの理想国の主要欠陥として指摘したのは、私有財産及び家族の廃棄がポリスによる個性の滅却を意味するという点である。個性が滅却せられれば、個人が全体に従うという関係自身が不可能になる。個人が全体に従い得るためには、全体が先ず個人を明白に作り出していなければならない。全体はおのれを否定して個人を作り出しつつ、その個人を否定して全体に還らせるのである。

人間にとっての善に、まさにかくの如き個人的・社会的なる人間にとっての善である。道徳性の総体概念としての『正義』は、明かにこの場面に於て考えられている。『正義はポリス的である。何故なら正はポリス的なる社会を支配する秩序に他ならず、そうしてこの正が正義を決定するのである。(六九)』『エティカ』と呼ばるる部分に於て、『最大の徳』『完全なる徳』『徳の一部にあらずして徳の全体(七〇)』などと呼ばれた『正義』は、今や明白にポリス的として規定せられたのである。ここでは社会的統制即ちポリスの統治は、単に政治的・法律的ではなくして道徳的である。『法律は徳の実践を我々に命ずる。(七一)』法律はロゴスの声であり、個人的・社会的なる人間の共同の良心である。(七二)それはまさに法律学の取扱う法律ではなくして、人間の道即ち道徳に他ならない。

かくして我々はアリストテレースの『ポリティケー』即ち社会的人間の学に於て、我々の目ざすところの倫理学のイデーを見出すのである。我々はその体系的な内容に必ずしも執着するのではない。しかし自然の存在から人間の存在を区別し、そうしてその人間の存在を個人的・社会的なる人間の存在として把捉すると云う方法そのものは、我々にとっても導きとならねばならぬ。『倫理学は人間の学である』というテーゼの真意は、ここに認められると云ってよいであろう。

八　『倫理学』の概念は既に右の如き人間の学の理念を示している

我々は以上の歴史的考察に当って『倫理学』という日本語を単純に Ethik の同義語として取扱って来た。それは明治中期に始まって今や一般に承認せられている用法である。しかし我々はその倫理学を人間の学として規定した。即ちそれは人間をその個別性・多数性・総体性に於て把捉する学である。しかもそれを概念としてでなく人間の存在として、従って個別的・多数的・全体的なる人間存在として、把捉する学である。そこでそれはアリストテレースの人間の哲学としての『ポリティケー』の考には当るが、その一部分たる Ethica にのみ当るのでないという結論に達した。もし Ethica の根本問題が、個人の立場に於て『善とは何であるか』或は『我は何をなすべきであるか』と問うのであるならば、右にいう如き倫理学は Ethica と同義でない。然らば Ethica の訳語として用いられ始めた『倫理学』は、右にいう如き人間の学に対して用いらるべきでない、と云うことが出来るであろう。

しかし Ethica の訳語としてにもせよ我々が『倫理学』の語を用い始めたということは、すでにこの語の背負える伝統を取り入れたということを意味する。のみならず倫理学という訳語を選定した時、人々はその原語たる Ethica が善或は当為をただ個人意識に於てのみ考究する学であると認めているわけでもなかった。人々は漠然と人間の道の学、或は道義の学というごとき意味に於て『倫理学』という訳語を作ったのである。即ち倫理とは人と人との間の関係に存する道であって、孤立させられた個人の意識内でのみ決定し得る道徳的価値なのではない。ヘーゲルに従って Moralität（主観的道徳意識）と Sittlichkeit（客観化せられた理性的意志）とを別つならば、倫理はむしろ、Sittlichkeit に近いのである。だからたとい倫理学という言葉が Ethica の訳語として造られたとしても、『倫理学』の語義及び概念が単に個人的・主観的ならざる人間の道の学、従って我々の意味に於ける人間の学を意味することには何等不都合はないのである。

我々はすでに『倫理学』という支那の言葉を用いている。そうしてこの『言葉』の活力は我々の間に於て未だ全然死んでいるのではない。元来支那語の『倫』は『なかま』の意を持っている。(七三)精力絶倫という如き用法はこの意味を示すのである。人倫と熟する場合にもしばしば人類の意に用いられる。(七四)しかし『なかま』とは、日本語の『仲《ナカ》』『間《マ》』が示しているように、或関係に立つ人々を個々に把捉するのではなくして、それらを『間柄』として把捉するのである。従って父子君臣等の間柄も亦倫と云われる。(七五)人倫五常とは人の間柄に於ける五つの不変なること、従って不変なる道を意味する。ところでこの間柄は元来不変なる秩序に基くが故に可能なのである。父子の間に父子としての秩序がなければ、父子の間柄そのものが成立しない。更になかまはかかる間柄によって初めてなかまとして成立するのである故に、なかまそのものも亦究極に於てかかる秩序にもとづくと云わねばならぬ。だから人倫五常は人の間柄の五常であると共に、また人倫そのものがすでに五倫なのである。君臣・父子・夫婦・昆弟・朋友という五つの『間柄』は、同時に五つの『秩序』を意味する。（七六）仁・義・礼・智・信とはかかる間柄に存する道であって、単に主観的な道徳意識ではないのである。もとより人間関係をば主として右の如き五つの類型（七七）に於て把捉したことには、歴史的、風土的なる特殊性が認められねばならない。然し人間関係に存してしかもその関係を可能ならしめている秩序を、『人倫』として把捉するというその仕方は、明かに人間の学に近いのである。

『倫理』とは右の如き充分なる意味の人倫と同義である。元来『倫理』と熟する場合の『倫』は倫類の意であり、従って倫理は人間のなかまに存する理、即ち人間の道を意味する。だからそれは単に『人倫道徳』ではあっても『人倫道徳の原理』ではないのである。でなければ楽《がく》が倫理に通ずる（七八）というようなことは云えないであろう。

かくして倫理学は人間関係・従って人間の共同態の根柢たる秩序・道理の学として把捉せられる。それが日本語に於ける『倫理学』の概念である。そうしてそれはまさに人間の学としての倫理学に他ならぬ。がこのことは更に人間の意義を追究することによって初めて充分に明かにせられるであろう。

『人間』『人間の存在』及び『人間の学』の意義

九　『人間』という日本語の意義

我々は倫理学を人間の学として規定するに当って、この『人間』という言葉を全然der Mensch及びanthrōposの同義語として用いた。アリストテレースの『人間の哲学』はta anthrōpeia philosophiaであり、カントの『人間とは何であるか』の問はWas ist der Mensch?であり、コーヘンの所謂『人間の学』はdie Lehre vom Menschenであり、マルクスの『人間の社会的存在』も亦das gesellschaftliche Sein der Menschenであった。そうしてこの用法は決して誤りではない。現代に於ては人間という言葉が右の如き意味に理解せられているのである。

しかし人間という日本語は本来右の如き意味であったのではない。一般に行われている字書『言海』を見よ。人間とは『よのなか』『世間』であり、『俗に誤って人の意となった』のである。我々はまさにこの俗意によって人間を『人』と解し、これを Mensch や anthrōpos の同義語としたのである。然らばこの『人』に『間』という言葉を結合し、それによって『人の間』即ち『世の中』を意味させた最初の用法から見れば、現代の用法は些《いささ》か滑稽であると云わねばならぬ。（それは例えば『社会』という言葉が『個人』を意味する言葉として用いられているのと同様である。）しかし我々はこの転用に重大な意義を認める。何故ならそれは数世紀間の日本人の歴史生活に於て、無自覚的にではあるがしかも人間に対する直接の理解にもとづいて、社会的に起った事件だからである。この歴史的な事実は、『世の中』を意味する『人間』という言葉が、単に『人』の意にも解せられ得るような一面を含んでいたことを示している。それは人間が社会であると共にまた個人であるということを直接に理解していた証拠である。だから人間という言葉の歴史全体に於て、我々はすでに人間についての理解を見出し得るのである。

元来 Mensch や homo や anthrōpos に最も好く当る言葉は『人《にん》』及び『ひと』である。既に支那の古代に於て、人は『万物の霊』（七九）であり、人の人たる所以は二足にして毛なきことではなく『弁（或は言）を持つこと』（八〇）であった。この二つの規定は明かにギリシア人が anthrōpos に与えた規定と合致する。日本人はその文化的努力の初期に於てかくの如き規定を有する『人』の語を学び（八一）、そうしてそれに『ひと』という日本語をあてはめたのである。しかしながらこの『人』及び『ひと』といえども、すでに homo や anthrōpos との相異を持ってはいる。それは『人』及び特に『ひと』が、己れに対するものとしての『他』を意味することである。それは更に一般に『世人』(八二)を意味するのみならず、特に日本語に於ては、己れに対する他者より見て他者であるところのおのれ自身をも意味し得る(八三)。かくして人《ひと》という言葉はそれ自身に於てすでに自他関係や世間の意味を含んでいるのである。かくの如きことはhomoやanthrōposには見られない。homoが複数に於て世間を意味し、或は今名指した人を意を強めて指す場合に『彼』の意味に於て用いられるとしても、そこに明瞭に『他者』の意味が含まれているとは云えない。homoからhommeとonとを作り出したフランス人に至っては、homoの含む両面の意味を分って別語としてしまったのである(八四)。この点に於て人《ひと》という言葉のみはすでに人間関係を含蓄するという著しい特性を持つのである。人間という言葉が人の意に転用せられるについては、人《ひと》という言葉の側にも右の如き準備の存することを忘れてはならない。

さて右の如き『人』に対して、『人間』という言葉は元来文字通りに『人の間』を意味していた。特にこの語を日本に伝えた支那に於ては、古い時代より現代に至るまで、人間は常に『人の間』であって、嘗て『人』の意に転用せられたことはない。そうしてその人の間とは、人の中、世の中、世間、人の世、人間社会である(八五)。仏教の漢訳経典に(八六)於ても勿論そうであった。古い印度の神話的想像によれば、衆生は輪廻によって五つの世界に転生する。地獄中に、餓鬼中に、畜生中に、人間に、天上に。天上に住むのは天(deva)であり、人間に住むのは人である。人間は人の住む世界、即ち人間社会であって、そこに住むもの、即ち人とは明白に区別せられている。日本に於て最も多く読まれた法華経も亦明かにこの用法を示している。(八七)だから古い時代の日本人が人間を世間即ち人間社会の意に用い『人間の人』(八八)という如き云い現わし方をしているのは、極めて正当な用法なのである。かかる用法は鎌倉時代から足利時代に至ってもなお明白に存する。世間無常という仏教思想はしばしば人間の習いとして云い現わされている。(八九)或は人間を天上に対せしめてそのはかなさや煩悩を云い(九〇)或は人間を明かに『世の中』と等置する。(九一)それは平家物語・太平記・謡曲等の勢力を通じて徳川時代にも及んでいる。それではこの人間という言葉はいかにして人の意に転用せられるに至ったのであろうか。

我々はこの転用の萌芽をすでに仏教の経典の内に見出し得ると思う。前に云える如く六道或は六処は天・人・畜生等の世界である。従って衆生は或は『人間に』生じ或は『畜生中に』生ずる。然るに経典はしばしばこれを地獄・餓鬼・畜生・阿修羅・人間・天上という如くに略して訳出する。そこでは人間が畜生・餓鬼等と対立させられている。そうしてこの形に於て六道の思想は平安朝より武家時代に至る日本人の人間観を支配していたのである。だから一方では『人間の人』という如く『人間』を明かに人間社会の意に解しつつ、他方では畜生と人との区別に際して、畜生に対するものを人間として把捉したのである。(九二)云いかえれば人間は、人にのみ着目する場合には『世間』の意となり、畜生に対する場合には『人』の意に用いられたのである。従って我々は、人間の語が人の意に転用せられるという歴史に於て、初め社会的に把捉せられた人間が動物との区別に於て『人』の意義を獲得した、という事実を見出すことが出来る。

この事実は我々に一つの重大な問題を提供する。人の全体性（即ち世間）を意味する『人間』が、いかにして同時に人の個別性をも意味し得るのであろうか。それはただ全体と部分との弁証法的関係による他はない。部分は全体に於て可能となると共に、全体はその部分に現われるのである。我々は部分に於て全体を見る、従って部分を全体の名で呼ぶことが出来る。（これは日本人が常にやっていることである。『兵隊』とは明かに一つの組織された集団であるが、我々はその集団の一員をも兵隊と呼ぶ。『とも』『なかま』『郎党』などすべてそうである。『ともだち』『若衆』『女中』に至っては一層明白にそうである。日本語に於ける複数形の不発達はここに何らかの関係を持つかも知れぬ。『一人のともだち』という如き云い現わしの可能な国語に於て、単数と複数とを截然分つことは不可能である。）一人の人をも人間と呼ぶのは、この人が世間に於て人であり、世間の全体性を人に於て現わしているからに他ならぬ。人を動物より区別するのは、言葉と理性であると云われる。然るに言葉と意識とは社会的産物である。一人の人と雖、それが人である限り、社会を個人に於て現わすが故に人なのであり、従って人間と呼ばれてよい。かく見れば人間を『世間』と『人』との二重の意味に用いることは、人間の本質を最もよく云い現わしたものと云わねばならぬ。

我々は右の如き人間の把捉が、たとい無自覚的ではあっても、諺として人口に膾炙せる句の内に含まれているのを見るのである。例えば『人間《じんかん》僅《わずか》五十年』〔幸若舞「敦盛」。正しくは「人間五十年」〕、『人間《にんげん》一生夢の如し』〔坂本龍馬書簡、慶應二年十二月四日。正しくは「人間一生実に猶夢の如し」〕、『人間《じんかん》到る所青山あり』〔月性の詩「将東遊題壁」〕等の如き。これらの場合『人間《にんげん》』の語はその本来の世間・世の中・この世という如き意義に用いられているのではあるが、しかし同時に『人』という意味をも示唆する。この世間・この世に於て生きるのは僅五十年であり夢のようである、この世の中には到る所落ちつき得る場所がある、――がそれは、人の一生が短く、人は何処に於ても落ちつき得る、というと同義である。前者は個人の短い生が現われては消える場面としての人間を意味し、後者はかかる場面に於て現われては消える個人としての人間を意味する。いずれの意味にとっても句全体の意義は変らないのである。(九三)

我々はかくの如き含蓄を持った『人間』という言葉によって、我々の人間の概念を現わそうとする。人間とは『世の中』自身であると共にまた世の中に於ける『人』である。孤立させられた個人としての人は、人間の一つの契機を抽象的に取り出したものであって、決して人間ではない。個人を人間と呼ぶのはそれが世の中に於ける人である限りに於てである。従って『人間』は、Mensch, homo, anthrōpos の意義をも含みはするが、それらと同義ではない。我々は人間の学を始めるに当って、先ずこの『人間』という語の特殊な意味を強調して置かなくてはならぬ。

一〇 『世間』或は『世の中』の意義

人間という言葉の本来の意義は右の如く世間或は世の中である。然らばその世間或は世の中は何を意味するか。我々はこれまでそれを簡単に社会或は人間社会と解して来たが、それはこれらの語の本来の意義に当っているであろうか。

世間の語を日本にもたらした漢訳経典に於ては、『世間無常』がその根本的な命題であり、従って世間の概念もその本来の意義に於てよりはむしろその無常性に於て把捉せられている。『世』とは『遷流』の義であり、『世間』とはこの遷流の中に堕在することである。だから日本人は最初に『世間虚仮、唯仏是真』(九四)という意味に於て世間の概念を受け取った。

右の如き世間の概念は支那の仏教学者によって次の如く説明せられている。『世』は遷流であり刻々として他のものに転化する故に、可毀壊である。即ち不断の自己否定である。しかし我々はそれを対治することが出来る。それに対立し・刃向い・そうして打ち克ち・支配することが出来る。即ち不断の自己否定を更に否定し、遷流を克服し得るのである。しかしまた我々はそれを対治し得ずに遷流のただ中にある。従って遷流からの脱却が我々に示すところの世の真相は、遷流の中にある限り我々にとって覆われている。隠真理である。かくして『世』の意義は、破壊性・対治性・覆真性の三つの契機に於て規定せられる。『世間』とはかくの如き世の中に堕していることである。(九五)

この世間の解釈に於ては、世はその時間的性格に於てのみ解せられ、間はただ堕在の意味にのみ取られる。人の社会という如き意味は毫も触れられて居らぬ。しかしそれは真理への可能性を持しつつも遷流の中に没在するところの、衆生の存在の仕方を指しているのである。だから世間はしばしば諸苦に没在せる衆生と同義に用いられる。(九六)そうしてその苦は愛別離苦、怨憎会苦という如き人間関係に於ける苦である。然らば世間とは人の社会を無常・苦の側から把捉したものと云えるであろう。そうしてそれはまさに世間に関する仏教的な見方に他ならないのである。我々はこの仏教的な見方が、人の社会としての世間の時間的性格を拡大して示したものと解釈する。

しかし世間と訳せられた原語 loka は、本来時間的の意味よりもむしろ空間的意味の勝ったものである。それはまず『見ゆる世界』(九七)としての世界であり、次で一般に天地万物の空間・場所・領域(九八)を意味し、しばしば宇宙（universe）という如き意味にも用いられる。それは物質性をも非物質性をも含み、その適用せられる対象に応じてそれぞれの意味を発揮する。しかし空間的要素が主となっている場合、即ち領域的意味として場面、領域(九九)、界などと訳せられ得る場合でも、それはそこで起る現象と引離された単なる空間或は場面ではなく、その現象をその特殊性に於て界限するところのものである。例えば欲の現象は欲界 kāmaloka で起るが、しかしこの欲界は欲の現象に先立ち存するのでなく、欲の現象が無欲の現象に対して已れを区別しまさしく欲の現象としてそこに存立するところのその領域なのである(一〇〇)。だから loka の領域的意味は現実的なる生のそれぞれの領域を意味する。これらの諸領域の総体が世界或は宇宙という意味での loka なのである。しかるに loka の無常を根本命題とする仏教は、右の如き領域的・場所的なる loka の概念に仏教特有の内容を与えた。『loka は lujjati（可毀壊）を意味する』(一〇一) というのがそれである。これが漢訳に於て『世』の語を択ばしめた所以(一〇二)であるが、しかし右の如き仏教特有の意味づけにも拘わらず、loka の持つ場所的な意味は『間』のうちに活き、世間・世界という如き概念の場所的・空間的な意味を強く意識せしめるように働いている(一〇三)。この点に於て世間の遷流性を力説する裏には世間の空間的性格が明白に把捉せられているといってよいのである。

しかし右の如き世間の空間的性格は、厳密には二つに分別せられなくてはならない。一つは見ゆる世界としての空間的なひろがりであり、他は生の場面としての間、例えば人と人との間である。loka という言葉がすでに世界をのみでなくこの世界に住むところの生物を集合的に意味することが出来る。即ちそれは人類であり衆生である(一〇四)。同様に漢語の『世《せい》』もまた本来の時間的な意味の他に人の社会を意味することが出来る。『棄世、遁世』(一〇五) とは人の社会から脱出することであり、『世情、世態』(一〇六) は人の社会のありさまである。それは『世途、世路』という比喩的表現が示しているように、何らか場所的な意味を含んでいる。このような生の場面としての世の意味が特に日本語の『世《よ》』に於て強く活かされているのである。世《よ》を捨てる、世《よ》に出るという如き用法に於ては、世《よ》は明かに生の場面としての社会を意味する。世渡り、世すぎなどという場合にも、それはいのちをつないで行くことであると共に、その生計を社会に於て立てることを意味している。のみならず世《よ》という言葉は男女のなかをさえ意味するのである。世間或は世の中（一〇七）は右の如き『世《よ》』の中として明白に社会を意味している。世間に知られる、世の中を騒がせるという如き用法に於ては、それはもう一点の疑いもない。

我々は世間の概念が仏教的色彩を以て日本にもたらされたことを承認すると共に、また日本に於てそれが丁度『社会』（一〇八）を云い現わすに用いられているという点を重視するのである。社会という訳語が作られる以前には、日本人は主として世間或は世の中の語によって社会を云い現わした。しかもこの際には『世』という言葉が生の場面としての社会を意味するのみならず、更に『間《あいだ》』及び『中《なか》』という言葉も亦人間関係を云い現わしている。ここに世間及び世の中という言葉の特に日本的なる意味づけを見出すことが出来るのである。

間《あいだ》及び中《なか》という言葉は明かに空間的意味を持っている。机の間、水の中、という如きである。かかる空間は世界空間にまで拡げられる。机と机の間は二つの壁の間にあり、この間は建物と建物の間にあり、更にこの間は山と川との間にあり、最後にこの間は天地の間にある。同様に水の中の『中』はコップの中にあり、コップは室の中にあり、室は建物の中にあり、建物は都会の中にあり、都会は日本の中にあり、日本は世界の中にある。世間、世の中という場合に、このような空間的な間・中が意味せられ得ることは疑いなきところである。（一〇九）

しかし間・中は同時に人と人との間《あいだ》・仲《なか》である。親子の間、夫婦のなか、間を距てる、仲違《なかたがい》する、等の用法に於ては、それは空間ではなくして、交り、交通、生の関係を意味する。そこには物理的空間に見られないような『遠くて近い』『円く角張る』という如き弁証法的な関係があり、また『なかが善い、なかが悪い』という如き価値判断も可能なのである。我々はこの種の間・中を物と物との間にではなくして、ただ人と人との間にのみ見出す。物と物との間はあくまでも距離であって、それは同時に距離なきことであることは出来ぬ。距りを無くすれば間も亦無くなるのである。然るに人と人との間は距り離れであると共に同時に距てなき合一であり得る。（一一〇）距りを無くすることによって間は一層顕著・濃厚となり、また逆に距てを設けることによって間は稀薄になるのである。このような弁証法的な中《なか》・間《あいだ》であるが故に、遠くて近く、善くて悪いという如き二重性格が可能となるのである。（一一一）

我々はこのような間《あいだ》・中《なか》によって家族、友人、なかま、団体、社会という如き人間の共同態が成立していることを承認しなければならぬ。間と独立に先ず人々が存在し、後に人と人との間が成立して来るのではない。総じて何らかの間・なかに存在するのではない人は、絶対に見出すことが出来ない。親子のなかに於て子供であり、男女のなかに於て男或は女であり、世のなかに於て一人の人であるという如く、なかが存在の地盤である。否、人の存在は先ず第一にはこの『なか』なのである。即ち『世のなか』或は『人間』が人の『存在』なのである。人はこの存在に於ておのれを自覚し、一定の資格を持てる個々の人になる。例えば親子のなかに於て子は子としてのおのれを自覚し、親に対する子となることが出来る。そこでかく対立せる親子の間・即ち家族の共同態は、実は最初に親を親とし子を子として資格づけたその間が自覚せられたものに外ならぬ。同様なことは学者の間という如き用法についても云えるであろう。或言葉がしかじかの概念を現わすものとして学者の間に通用している、などと云われる場合、この間は既成の学者が自ら初めて新しく作り出す間ではなく、それぞれの学者を学者として作り上げた地盤としての間であり、そうしてまた同時に作り上げられた学者の間なのである。だから学者が、学者の間に於て、歴史的に限定せられた立場に立って人間の存在を問題とする時、『この存在は常に我の存在である』というならば、それはすでにこの問題の地盤たる間を忘れているのである。（二三）我々は人間の考察に於てあくまでも間を離れてはならぬ。最初の出発点は間であって間から規定せられる我ではないのである。

以上の如く間《あいだ》及びなかの語は空間を意味すると共に人の間柄を意味する。ところで我々は前に『世』という言葉がそれ自身すでに人の社会を意味することを指摘した。そうして世間・世の中は人の社会の中であると云った。然らば世間・世の中という場合の間及び中は、右の二義の中、空間的意義に当るのではなかろうか。社会を生の場所としてその場所のなかを丁度室のなかというと同じ意味に於て指しているのではなかろうか。

確かに我々は人の社会が空間的にも把捉せられていることを認めざるを得ない。広い世の中狭い世間というような云い現わしがそれを示唆している。しかし社会のなかとは本来人間関係のなかである。そうして人間関係は空間と異った弁証法的な間柄である。然らば社会を生の場所と見、その場所のなかを意味する場合にも、この場所自身がすでに空間的でないと云わねばならぬ。従って世の中という場合の中は単に空間的意味のみであることが出来ない。男女のなか、親子のなかという如きなかが、その最大の規模に於て世のなかとなるのである。(一三) 広い世の中は空間的に広いと共にまた人間関係に於ける狭い束縛を超えた意味に於て広闊なのである。或は小さい規模の共同態に対して大きい規模の共同態を広いということも出来る。家族生活の内部にのみ動いていたものが更に公共の生活にも踏み入るならば、彼は広い世の中に出たのである。同様に狭い世間も亦空間的な狭さの他に人間関係の密接さ、束縛の強さを意味する。自分の行動が忽《たちま》ち多くの人に知られるような世間、或は到る処知人に逢うような世間は、狭い世間である。だから善悪ともに有名になれば同一の世間が狭くなる。かく見れば世間・世の中の広狭は、広くして狭いということの出来る広狭である。従ってこの場合の間・なかは、単に物理的な空間を意味するのでもなければ、また単に前置詞的な in の意味と相覆うのでもない。

かくして我々は『世』『なか』『世のなか』、及び『世』『間』『世間』の三語がともに人間の共同態を意味することを承認しなければならぬ。世間及び世の中という日本語は、最も普通には、この意味に於て用いられているのである。そこで我々は世間・世の中という言葉に於て先ず第一に人の社会という意味を受け取る。然しそこには単なる空間的意味も全然死んではいない。従って世間・世の中は何らか場所的なものとして理解せられる。と共にまた仏教が力強く教え込んだ世間の無常性も、世間の意味に深く浸み込んでいる。世の中は必ず移り変るものである。だから我々が人の社会を世間・世の中として把捉するときには、同時に人の社会の空間的・時間的性格を共に把捉しているのである。社会の概念にはかかることは存せぬ。この概念をいかに分析しても、そこから場所や移り変りの意味は出て来ない。然るに世間の概念は、それ自身の内に遷流性や場所性を含んでいるのである。ここに我々が世間・世の中という言葉を重大視し、それによって人の社会の把捉を示そうとする所以が存するのである。

かくして我々は、世間・世の中によって、『遷流性及び場所性を性格とせる人の社会』を意味させる。これが世間・世の中の概念である。

世間及び世の中は人間という言葉の本来の意義であった。我々はそこから人間を世の中自身であると共にまた世の中に於ける人であるとして規定したが、世の中の概念が右の如く明かにせられると共に、我々はそれを人間の世間性として云い現わすことにする。それは人間という言葉の本来の意義であったようにまた人間の本来的性格である。

二 『人間の存在』の意義

我々は前に人間という言葉を Mensch や anthrōpos の同義語として用いたように、存在という言葉をも Sein の同義語として用いた。人間の社会的存在は gesellschaftliches Sein であり、人間の概念から産出せられる人間の存在も亦 Sein であった。しかし既に簡単に触れたように、存在という言葉自身は Sein と相覆うものではない。Sein は形式論理学に於ては主辞と賓辞とを結ぶ繋辞《コプラ》であるが、存在という言葉にはかかる働きは全然存せぬ。かかる働きをする日本語は『あり』である。存在が Sein に当るのは所謂存在判断の場合のみであって、Ich bin は我ありとも我存在すとも訳することが出来る。現在 Sein の訳語として用いられている存在という言葉は何故にこのような一面性を持つのであろうか。

我々はここに言葉の持つ意味の独特な力を認めなければならない。元来繋辞《コプラ》の Sein に当る言葉を有しない支那語に於ては、有も存も在も繋辞の役をつとめるということがない。まず第一に Sein に最も近そうに見える有を取って考察してみると、それはただ単に『がある』にのみ当るのである。有は無の反対であると云われるがこの無も『がない』であって『でない』ではない。漢語の『でない』は非である。だから無の反対としての有は、たとい日本語に於て一般に『あり』に当てはめられるとしても、実は繋辞のあり（である）の意味を持って居らないのである。そこで有は『がある』即ち existentia の意味をのみ現わすと見ることが出来る。ところで有はまた『もつこと』(Haben) を意味する。(二四) 有為、有意、有志、有罪、有利、有徳、等に於て、有の下に来るものは有《も》たるるものである。所有物である。従って有為の士は為すあるの士であると共に為すことを持つ士である。有利なる事業は利ある事業であると共に利をもつ事業である。これらの場合、有つのは人間であり、有るのは人間に於てあるのである。(二五) ここに於て有 (existentia) の根柢に我々は人間を見出すことになる。机があるとは人間が机を有つのである。机は有る所の物即ち所有物である、有つという人間のあり方に基いて机が有るのである。しかし人間が有ること自身はもはや何者にも有《も》たれるのではない。市有レ人は市に人があるであると共に市が人を有するであるが、しかし市はそれ自身人間であって、人間を有つ超人間ではない。天或は天子が人間を有つを考えるにしても、それらは人間の全体性を反映したものであって、同じく超人間ではない。逆に人間が全体性を持つ、即ち天或は天子を持つのである。かくして人間が有ることはすべての『がある』の根柢になる。

然らば『存』とは何であるか。存は亡の反対であって、ものが現にあることを意味する。

即ち『がある』の時間的性格である。従って亡は『がない』ではなくして時間的に『なくなる』のである。危急存亡の秋《とき》というような云い現わしに於ては、単にものがあるに留まらずそのものがあり続けるか、或はなくなるかという瞬間に於てあるのである。ところでこの時間的性格は、物がある場合と、その根柢としての人間がある場合とによって異って来る。物が現にある或はあり続けるのは、人間が現に有つ、或は有ち続けるに他ならないが、人間が現に有る、或は有り続けるのは、右の如き有《も》つということを一つの有り方とするところの人間の生存である。だから人間の存は亡に対すると共にまた『失』に対することが出来るが、物の存はただ亡にのみ対し失に対することが出来ぬ。物はなくなるのであって失うのではない。ただ人間のみが物をも己れをも失うのである。かくして『人間がある』の時間的性格を現わす『存』は本来『生存』を意味するのである。順天者存、逆天者亡、の存亡は、生きつづけるか或は死ぬかである。だから『存』の根本的な意味は、生きていること、特に生きながらえていることである。それはいのちが時間的にあることであると共に、また人間がいのちを保存することを意味する。

然るに『在』は没または去に対する語であって無や亡に対するのではない。それは『がある』ところのものが、或場所にあることを意味する。従ってそれは『にある』として特徴づけることが出来る。市有レ人ならば人在レ市である。ここでも物がある場合と人間がある場合とによって明白に異って来る。在宿、在宅、在郷、在世という如き在の本来の用法に於ては、それは宅《うち》にいる、この世に生きている、という如く『いる』によって現わされ得る意味を持つのであるが、富貴天に在りという場合にはそれは決して『いる』とは云いかえられない。ここに在が『去』に対するということの意味が存するのである。去るのは自ら去り得るものが去るのであって、山に在る石は自らその場所を去ることは出来ない。従って自由に去来し得るもののみが或場所に在り得るのである。不在は或人がどこにもいないことを(従ってその人がいないことを)意味するのではなく、ただ或場所にいないことをのみ意味する。かくして去に対する『在』は人間が或場所にいるのであり、物の在は人間が或場所に於てその物を有つのである。

存在とはまさに右の如き存と在との結合である。物の存在とはその物が或場所に現にあること、即ち場所的時間的に限定せられて物があることを意味する。かかる存在は人間の存在に基いている。人間の存在の意味に於ける存在は、自由に去来し得るもの、自由に存と亡とを選び得るものが、或場所に今生きながらえていることである。有の時間的性格としての存を『生きる』という言葉で現わし、場所的性格としての在を『いる』という言葉で現わすならば、存在とは生きていることである。

Sein を Ich bin の不定形として自覚存在の有り方と解するならば、これは wohnen bei……を意味すると云われる。その bei は丁度『いる』という言葉に含まれているような場所的な意味を現わしている。だから wohnen bei……は『生きている』という云い現わしに当ると云ってよい。しかしかかる意味の存在は人間の存在であって物の存在ではない。そうして人間の存在とは『世の中に生きていること』である。世の中は前に云ったように先ず第一に人の社会であり、人の社会として時間的・空間的性格を持つのである。そうすればbei或は『いる』の持っている場所的な意味はまず第一に人の間柄を意味せねばならぬ。家にいるとはまず第一に家族或はそれに類した人間の共同態に於てあるのである。世の中に生きているとは道具的な物の世界との交渉に於てよりも先ず第一に社会としての人間の共同態に於てあるのである。従って人間の存在とは先ず第一にかかる間柄に於ける存と在とでなくてはならぬ。

人間の存在が人間の共同態に於ける存と在とであるということは、前にあげた『人間の世間性』の概念に云い現わされている。それは人間の『存在』としてすでに時間的・空間的性格を統一的に持っているのである。『とき』『ところ』という言葉の用法にもこのことは明かに見出される。生きて動いている人間関係の或瞬間を云い現わすのに、人はしばしばときとところとを同一の意味に用いている。例えば話しているところへ這入って行く、盗み出そうとするところを押えるという様な用法はすべてときと同じ意味である。

然しまた我々は生きて動いている人間関係が単に統一的にのみではなく、一方では『とき』として、他方では『ところ』として把捉せられるという点をも看過してはならない。喧嘩しているところへ出くわすのは喧嘩しているときに行き合わせるのと同意義ではあるが、しかし前者は喧嘩の現場として空間的の光景を示唆し、後者は喧嘩の瞬間として喧嘩を含む人間関係の時間的な続き合いを示唆する。同様に前者は人間関係を静的に見、後者はそれを動的に見ているということも出来る。（例えば会合の席から立ちにくいところを立って来る場合には、人はときを見計って立つのであるが、この場合のところは立ちにくいという関係全体を〔その一々の瞬間から引きはなして〕意味し、ときはその関係の内部の時間的な続き合いに於ける一つの瞬間を指している。）この相違を突き進めて行けば、一方では人間関係が空間的肉体的に対立する人々の間となり、他方ではそれが時間的心理的に推移する人々の間柄になる。そこで後者からは『人間の時間性歴史性』の問題が生じ、前者からは『人間の空間性風土性』の問題が生ずる。

この二つの問題は本来統一的な人間関係を異った視点から眺めたものである。だからそれは根本に於て一つでなければならぬ。この意味に於て『人間の世間性』の問題がこの両者に先立たねばならぬ。人間の学を個人の立場に於てその肉体から始めるということは、最も抽象的なところから出発するに他ならない。

しかし一体その人間の学とは何であるか。

一二 『人間の学』の意義――（一）人間の問

人間の学とは『人間とは何であるか』と問うことである。そうしてこの『問うこと』は、一般的に云って、人間の一つの存在の仕方に他ならぬ。然らばこの際問うこと自身がすでに問われていることであり、問うもの自身が同時に問われているものである。ここに人間の学の本質的な特徴が存する。それは人間がおのれ自身を問題にするということである。即ち人間が自覚的に存在するということである。人間の学とは人間の自覚的な存在の仕方に他ならぬ。

そこで先ず我々は右の如き人間の学の第一の契機たる『問うこと』を問題にする。問うことが人間の一つの存在の仕方であるとはどういうことであるか。

今迄に我々の規定したところによれば、人間とは世の中自身であると共に世の中に於ける人である、即ち一定の間柄に於ける我々自身である。然らば問うということもまたこの『人間』の存在の仕方として間柄に於て把捉せられねばならぬ。元来『学』と云い『問』というのは出来上った知識（scientia, Wissenschaft）を指すのではなくして、まねぶこと、倣うこと、及び訪《と》いたずねることである。そこには学び問われることが探求の目標として目ざされていると共に、その探求が学び問うという人間関係に於て行われるのであることが意味せられている。従って学問とは探求であり、探求せられる『こと』は人間の間柄に公共的に存するのである。我々は問の構造を考察するに当ってこの人間の立場を忘れてはならぬ。

問は探求である。探求は探求せられるものによって方向を決定せられている。だから問は何ものかへの問として問われているものを持っている。しかし問はこのものが何であるかと問うのである故に、同時にこのものが何かであることを目ざしている。即ち問われていることを持っている。特に理論的な問に於てはこの問われていることが一定の概念にもたらされなくてはならぬ。そこで問われていることがどういうことであるかが問の本来の目標になる。然るに『いうこと』とはことの意味である。だから理論的な問は問われていることの他にそのことの意味を含んでいる。更に問には問う者がある。問は問う者の態度として特殊な有り方を持っている。上《うわ》の空《そら》の問もあれば根ほり葉ほり問うこともある（二六）。

これは問の構造として何人も承認せざるを得ないところであろう。しかし我々は右によってなお充分規定せられて居らない一つの契機を見出す。それは問われているものである。問は確かに何ものかに於て何ごとかをたずねるのであるが、しかしそのものは『物』であることも『者』であることも出来る。美しきものに於てそのものの美しさを問題とするのは前者であり、友人に対してその安否を問うのは後者である。しかも問の本来の意義は問安という如き人への問であった。即ち問う者と問われる者との間に於てその間柄を表現する何ごとかが問われたのであった。問安或は問訊は問わるる者の存在が今いかなる有りさまに於て保持せられているかを（即ち問わるる者の気持・気分を）問うのであるが、それは同時に問う者の関心の表現であり、従って問われている気持が問う者と問われる者との間柄に存することを示している。だから問安は挨拶の意味となり単に間柄の表現として問の意味を従とすることも出来る。訪問という意味に於て人を問う場合もそうである。が更にこの間柄に於て何物かについての問もまた行われる。そこでは問う者と問われる者と及びその間に於て問われている物と問われていることとを区別することが出来る。かかる問に於ては問う者が問うと共にその問は問わるる者にとっても存在する。即ち問が共同的に存在する。問が言葉及び身振りによって表現せられる限り、それはすでに共同的性格を持っているのである。特に理論的な問に於て問われていることの意味が問題とせられる場合には、この共同的性格は必ずそれに伴っている。ここでは『いうこと』が問題なのである。即ち人間が言葉として云い現わしていることが問題なのである。それは人間の問であって孤立させられた個人の問ではない。

　問の構造は右の如き人間の問として明かにせられねばならぬ。問われる者を持たずして人がただ孤り問うのは、人間の問の欠如態である。もとより人は何人とも共同でない疑問を心ひそかに抱くことも出来る。しかしその疑問が未だ言葉や概念に形成せられない漠然たる気分である時には、それは問の地盤ではあっても未だ問ではない。すでに言葉に於て明白に把捉せられるならば、それがいかに心ひそかに抱かれていようとも、言葉を通じて人間の問に参与している。それは云い現わされると共に直ちに共同の問となり得るものである。だから本質的には共同の問であるものが、その共同性を現わさないことは出来る。しかし本質的に共同性を欠く問は存しない。

学問としての問は人間の問の理論的なるものである。即ち共同的にことの意味を問うのである。然るにこの共同性は近代哲学の出発点に於て極めて単純に見捨てられた。ルネサンスの人間にとっては世界を担うものは個々の主体、個人である。『孤立せる個人』対『自然』の立場に於て人は学問的探求に身を投じた。近代哲学に於ける主観への転向、自我への還帰なるものは、問を個人の問として把捉することに立脚している。

デカルトはその思索を次のように始める（一七）。自分は若い時以来多くの偽を真と思っていた。だから学問に於て確実なものを捕えようと思うならば、根柢からやりなおさなくてはならぬ。今や自分は世間の煩いから放たれ、孤独な隠居に於て静かに思索し得る境遇に置かれた。そこで真面目に在来の自分の考を覆えすという仕事に取りかかろうと思う。これまで自分が最も真実と思っていたものは、感覚によって受け取るものである。然るに感覚はしばしば我々を欺く。だから感覚によって知らるるものはすべて疑ってかからねばならぬ。自分がここにこの肉体を以てこうしていることも決して確実ではない。夢で同じことを感ずることも出来る。かくして在来確実だと思っていたものは、すべて疑うことが出来るのである。天も地も色も音もすべての外物は夢の戯れかも知れない。自分のこの手も足もただ誤って、『ある』と思っているのかも知れない。しかし自分がかく疑っているということだけは確実である。それを確実だと思うのは欺かれているのかも知れぬが、しかしその瞞されている自分の存在は確実である。我が疑う、我が瞞される、即ち我が存在するのである。かくして我が思う限り我は存在する。我は思うもの（res cogitans）である。思うものとは、疑い、洞察し、肯定し、否定し、欲し、欲せず、また想像や感覚を持つところのものである。このような思うものとしての我が同時に『真に存在するもの』なのである。そこで学問に於て確実なものを捕えようとするものにとっては、右の如き自我が最初に唯一の確実なものとして与えられる。主観は直接の明証を持つものとしてあらゆる客観よりも確実であり、客観はただ媒介せられて確実になる。物が何であるかは自我の思惟に於て把捉せられる。他人を認識するのもそうである。窓から街を通る人を見て我は人を見るという、しかも見ているのは帽子や着物だけであり、その中には機械が包まれているかも知れない。しかし我はそれが人であると判断するのである。見るのでなくして判断なのである。即ち他人は媒介の道に於て存在するのである。

このデカルトの考は力強く近代哲学を支配した。哲学の初めは自我である。問は自我から出る。他我はそれに基いて認識せられるのである。しかし我々はこの考察の過程自身に於ていかに人間の問が個人の問に変化させられるかを見出し得ると思う。デカルトの問は自ら明白に語っているように学問に於て確実なものは何であるかである。この問は歴史的社会的に発生した問であって、決して個人の立場でのみ発生したものではない。デカルトはシュアレスやスコッスやトマスなどの思想の流れの中に立っているのである。即ち彼の問は学者の間の問である。しかも彼はこの問に没頭し得るために、世間の煩いから解放され孤独な隠居の生活に退くことを必要としている。彼自身明かにそれを告白しているのみならず、彼の伝記の語るところによれば、彼はこの思索の時期に交友から遠ざかるため十三度居を換えたと云われている。然らば学問的な問の立場が煩いに充たされた世間の立場からさまざまのかかわりを捨てることによって人工的に作り出された立場であることは極めて明白であると云わねばならぬ。然るに彼はかくして人間関係から己れを切り放すと共に、彼の思索の地盤たる一切から独立せる如くに振舞い、孤立させられた自我として外物に対する。『感覚的な対象』と『学問的に思索する自我』とのみが書斎の中で対立している。自我以外の一切は疑われ得るものになる。他人も亦外物としてその中に属している。ここに個人の立場の問が成立するのである。

しかし我々は問わなければならない。この方法的懐疑を支配しているのは学問に於て確実なものを求めるという思惟動機ではないか。従って自我以外の一切が疑われる場合にも学者の間に存する共同の学問は疑われていないではないか。自我の存在のみが確実であるという思索そのものが学者の間に浮んでいるのではないか。在来の学問の成果をすべて疑うとしても、それを否定することによって確実な原理を立て得るとすることは、すでに共同の学問に参与することではないか。即ち問は依然として人間の問であり、他人はすでに自我の存在を見出す以前に前提せられているではないか。我々は我疑うの根柢にすでに人間の問の存することを承認しなければならぬ。我は単に我ではなくして同時に人間である。我の意識は単に我の意識ではなくして同時に社会的意識である。言葉の現象がそれを明白に示している。我が疑いを言葉によって形づけたとき、その疑いは既に共同の疑いである。だから我々は自我を出発点とせずして人間を出発点とせねばならぬ。問は本質的に共同の問である。自我の問題といえども共同の問である。人間の規定を求めるに当って、先ずこれを社会より孤立させ自我として把捉するとは云っても、この孤立化的な思索そのものが共同の問題としてなされているのである。いかなる哲学者も共同の問としてでなくして自我を問題とし得たものはなかった。問は本質的に共同の問、人間の問である。かかるものとして問は人間の存在の仕方なのである。従って人間とは何であるかという問の意味もまたこの立場から明かにせられなくてはならぬ。

一三　『人間の学』の意義――

(二)　人間の学に於て問うものと問われているものとは一である

人間とは何であるかと問うものは、その問われている人間である。しかもその問自身が人間の問として一つの間柄を意味する。従ってここでは人の間柄に於てその間柄自身が間柄を通じて現われるのである。（二八）ここに於て人間の学は二重の意味で主観・客観の対立関係を撥無する。第一に、問うものと問われているものとの同一は、主観と客観との同一を意味する。第二にこの主観即客観がすでに初めより人の間柄である。即ち人間である。人間関係は主観客観の対立関係ではなくして、交互関係或は共同態である。我々は人間の学の特徴として先ずこの二つの点に注意せねばならぬ。

第一の点即ち主観と客観との同一は、人間の学を截然として他の学から区別する。しかし一体主観客観の同一というようなことが、学に於て如何にして可能なのであろうか。

カント以後承認せられた主観客観の関係は簡単に次の如く云い現わせるであろう。我々が何物かを認識しようとする時には、すでにそこに主観の統一が前提せられている。かかる主観が如何なるものであるかと問うにしても、かく問うことがすでに主観の統一に於てのみ可能である。従って認識の主観は絶対に認識の客観となることが出来ない。これを論理主義的に云うならば、認識主観が問われるものとなった時にはそれはすでに客観化せられている。主観は問う者としてその背後に残る。即ち認識主観はそれを捕えようとする時無限に後退して行くものである。従ってそれはいかにしても到達し得られない限界概念に他ならぬ。がまた現象学的に云っても、主観はノエーシスであってノエーマたり得ないものである。それは実在的であって決して観念的たり得ず、従っていかなる意味でも概念であることは出来ぬが、しかしその故にまさにあくまでも客観たり得ない。いずれの立場に於ても主観客観の同一という如きことはあり得ないように見える。

しかし主観客観の対立をかく根本的に深めたのは、『観照する主観』の立場の内部に於てである。そうしてこのような主観は、素朴的に『我』として把捉せられたものから、その心理的身体的な契機を洗い去ることによって得られた。だからその根源には外なる自然と内なる我との対立が見出されると云ってよい。ところでこの根源的な対立なるものは、果して右に云ったほど融和し得ないものなのであろうか。

外なる自然と『内なる我』との対立を認めるということは、すでに人間を孤立せる『我』に化した立場である。かかる我を認識論的に洗練することによって認識主観が生じてくる。しかしこのような我の孤立化の立場を暫く不問に付して考えるにしても、我と自然との『対立』なるものは抑《そもそ》も何を意味するであろうか。我が主観として一方に立ち、自然或は『もの』が客観として他方に立つ、そうしてその我が見る・考えるという如き仕方でその『もの』に関係する、――かく考えるならばその我は見る・考えるという如きかかわりを持つ以前にすでに我であり、『もの』は見られ考えられる前にすでに『もの』として存在している。両者の関係は両者の独立の存在に於て成立つのである。しかし関係の成立する以前にすでに対立せる二つのもの、即ち『我』と『もの』とが、如何にして見出されるであろうか。我とのかかわりに全然入り来らぬ『もの』が我々にとって無であることは、すでにカントが力説した通りである。同様に何ものにもかかわらない点のような『我』が存在しないことも、現象学が明かにした通りである。主観我の確立に効績のあったデカルトに於てさえ、既に『我』は『思う者』であった。カントはそれに従って『我』の代りに『我思う』を使っている。思うとは必ず何かを思うのであって、全然思わるるものを持たない思うは不可能である。だからそれらは精密には『……を思う者』『我……を思う』と書かるべきであった。一般に意識はすべて『……の意識』である。何かへのかかわりを含まない意識は空であって意識ではない。かくして『我』は必ず『もの』への志向的関係を持つ我であり、『もの』は必ずこの関係に於て見出されるものである。然らば『我』と『もの』とはこの関係よりも先なるものではない。関係が先である。関係に於てその関係のそれぞれの役目をつとめるものとして、物と我とが見出されるのである。従って主観客観の対立が最初に現われてくる地盤としての志向性に於ては、主観客観は統一せられているということが出来る。

この志向性は我々日本人がすでに古くより直接に理解していたところであった。『もの思う』『もの云う』『もの語る』『もの欲しい』という如き云い現わしに於て、『もの』は全然不定的に何ものかを指し、それによって思う・云う等の志向性を現わしている。のみならずかく志向性を云い現わすことは主格を云い現わすよりも重大なことであった。思う・

云う等の名詞形は『思い』『云い』『語り』などとはせられないで、『もの思い』『もの云い』『もの語り』とせられる。das Denken とせられないで das Denken von……とせられたのと同様である。しかも他方に於て主格は平然として省略せられた。その省略が動詞の語尾によって補われるということも全然ない。cogito を訳するにはその語尾の故に『我思う』としなければならないであろうが、しかし日本語に於て思うということを単純に云い現わすならば、それは『我思う』ではなくして『もの思う』なのである。我とものとの対立が思うという志向関係から出てくることを考えるならば、ここに『もの思う』という云い現わしが『我思う』に勝《か》っていることは、軽視し難い意義を持つと思われる。

さて右の如く志向性の地盤に於て志向する者と志向せられた物とが別れてくると考えるならば、『もの』を『志向せられたもの』と見ることは『もの』を主観化するということにはならない。『もの』は主観がかかわることなしには見出されないが、しかしそれはこのような主観を客観に対立せしめる地盤としての『かかわり』の内にあるということであって、主観の内にあるということではないのである。即ち志向せられた『もの』は主観に対立する対象としてあくまでも主観の外にある。それは主観とのかかわりに於てのみ見出されるという意味に於ては確かに『表象』に過ぎない。しかしその表象は我々の心の内にのみ存する表象なのではなくして、我々の外に我々に対して存するもの、即ち我々の前に置かれたものなのである。我々は街路に於て我々に対し外から迫ってくる自働車を避けるが、しかし心の内の事象としての自働車を避けるのではない。その自働車は確かに主観の表象であると共に主観の外にあるのである。このことは外在の欠如態としての錯覚に於て拡大して示される。枯尾花を見て幽霊と思うのは錯覚である。普通には、眼に枯尾花が映っているに拘わらず心の内に幽霊の姿が浮ぶ故に、即ち現実に存在するものとその心像とが一致しない故に、錯覚であると云われる。しかし眼に実際枯尾花を見ているのならばそれは錯覚ではない。眼に幽霊を見るが故に、即ち枯尾花のある丁度その場所に幽霊が立って我に対するが故に、まさに錯覚なのである。もとより幽霊は外から感覚的に受容せられたものではなく、心の内に想像力によって作られた姿である。しかしこの姿を外に投げ出し、我に対立する外物として存在せしめなければ、錯覚は成立しないであろう。かく全然主観的な形像としての錯覚像さえも、主観の外にあって主観に対立するのである。況んや現実の表象が主観の外にあることは云うまでもない。

右の如く主観と客観とは、その対立の地盤たる志向性に即して云えば統一的であり、その対立に即して云えば差別的である。我々はこの二重性を見失ってはならぬ。『もの』が志向せられたものである限り、客観は主観的であり、『我』がただものへの志向に於てのみある限り、主観は客観的である。内と外とに対立するにも拘わらず、その対立に於て根源的な同一が保持せられている。がそれと共にまたこの両者は、根源に於て同一であるにも拘わらず、しかも決して同一たり得ない内と外とに別れている。志向せられたものは志向せず、志向する者は志向せられない。だから客観は主観的でありながらも客観であり、主観は客観的でありながらも主観である。

主観客観の関係に於ける右の如き二重性を眼中に置いてカントの認識主観を顧みるならば、単に一義的に同一平面に於て客観に対立するものでないことは直ちに明かとなるであろう。認識主観とは客観を可能ならしめる地盤であって対立者ではない。『対立』なるものは、外なる自然と内なる我との対立として、この地盤に於て初めて可能になる。だから認識主観自身に関しては『内外』は云い得られない。すべては認識主観の内にあるのである故に、云わばそれは絶対的なる内である。この『内』にあるものが内的対象（心理的自我）及び外的対象に分かれて現象するのである。即ち我とものとの対立は内外の対立として絶対的なる『内』の現象である。かく見ればこの『内』が丁度志向性に相当する地位を占めていることは明かであろう。それは主観と呼ばれているにも拘わらず、客観に対する主観ではない。我と呼ばれているにも拘わらず、他に対する我ではない。だからカントは超越論的主観を超越論的客観と同一視して了うのである。このような主客を絶した主観或は超越論的人格性と、それに於て対立する心理的主観及び客観との別を把持するならば、カントが超越論的観念論を経験的実在論として力説した所以も明白になる。すべてが認識主観の内にあるということは、客観に対立する主観の内にあるということではない。外なる客観はあくまでも内なる我に対して外である。外的現象が我々の心内の表象であるという如きは経験的観念論・超越論的実在論の立場であって、カントの立場ではない。

以上によって我々は主観客観の対立よりも先なる段階を明かにした。そこでは主観と客観は同一である。しかし人間の学に於て問う者と問われている者とが同一であるということは、右の結果とどう関聯するであろうか。

学が認識であるならば問う者は認識主観であり問われている者は認識客観である。従って主観人間と客観人間とが相対立し、主観人間はあくまでも認識の客観たり得ないものと考えられる。然るに右の考察によれば主観人間はその深き根柢に於ては我とものとを対立せしめる地盤としての超越論的人格性、若《も》しくは志向性であった。それはなるほど我に対立する『もの』としての人間ではない。然しあくまでも人間であることを失わない。今や人間が問われるに当って、単に客観としての人間のみが取扱われ、主観人間が取扱われないならば、それは真に人間を取扱っているとは云えない。人間が人間であるのは主観人間たり得るからである。間柄としての人間の意義を暫く不問に附すとすれば、問い・考え・欲するところのもの即ち『我』であるからである。然らば人間を問うのはこの主観人間としての人間を問うのでなくてはならない。主観人間が客観をでなくして己れ自身を問うのでなくてはならない。即ち人間を問う場合には主観対客観の関係ではなくして主観対主観自身の関係が許されなくてはならない(二九)。それは主観即客観、客観即主観の関係だということも出来る。前に述べたところに関聯させれば、主観が客観的であり客観が主観的であるという如き関係を可能ならしめる地盤としての統一的な関係が、そのままここに問として現われたのである。

かく見れば人間の学は、学であるにも拘わらず、認識主観に於て客観が問われる一切の学と根本的に区別せられねばならぬ。そうしてこの区別を明白に認めたのは、まさにカントその人であった。彼に於ては認識主観に対する認識の客観はあくまでも『自然』であって『人間』ではなかった。たとい人間が経験的対象として取扱われるとしても、それは自然としての人間であって本来の人間ではなかった。だからこの場合には、生理学であれ心理学であれ、『自然学』の一部に過ぎなかった。自然と区別せられた本来の意味の人間は彼に於ては『認識』の対象たり得ないのである。ここにカントの理論的理性使用と実践的理性使用との区別が充分な意義を以て現われてくる。『認識』とはその厳密な意味に於ては、理論的な理性使用である。即ち観照的に客体及びその関係を前に置いて眺めるという制約の下に立っている。だから観照する主体は決してその観照の視野に入り得ないのである。然るに実践的な理性使用に於ては、客体の観照は全然問題でなく、ただ実践する主体のみが問題である。しかもこの主体が決して観照せられることなしに、即ちあくまでも主体として、実践的に規定せられるのである。カントはこれを実践的な道徳形而上学の問題とし、人間の全体的規定がただここに於てのみ求め得られることを主張したのであった。人間の全体的規定とは、彼に於ては、人間を経験的及び可想的なる二つの性格の統一に於て規定することに他ならない。云いかえれば肉体と結合せる客体我が主観我と同一の我であることの開明に他ならない。それは実践的に主体の自己規定が意識せられるという直接意識の事実から出発し、その事実の厳密なる分析によって達せられる。その分析は学であり理論であるとしても、その認識の根源は実践的であって理論的ではない。人間の把捉はただ実践的にのみ可能なのである。

カントの理論的と実践的との哲学の区別を我々は右の如く解する。この見方は一応カントのアントロポロギーと背馳するかに見える。何故なら彼はこの学によって経験的対象としての人間を理論的観照的に取扱い得ると考えているからである。そこでは人間は肉体的人間及び心理学的人間（客体我）であり、その学は自然学的立場に於けるアントロポロギーであった。然しカント自身が試みたのは、実はこのような自然学ではなかったのである。即ち彼の『実際的見地に於けるアントロポロギー』は、自由に行為する者としての人間を取扱うのである。自由の主体たる人間は決して自然学的対象ではない。それはただ実践的なる道徳哲学に於てのみ明かにされ得る。従って右の如きアントロポロギーは先ず道徳哲学によってその基礎を与えられなくてはならぬ。人間の全体的規定に基いて、かかる全体的人間を経験的に扱うということは出来る。然し経験的立場でのみ全体的人間を捕えることは出来ない。かく見ればカント自身の『アントロポロギー』が道徳形而上学の経験的部門でもある所以が明かとなるであろう。彼はこの書の序言に於て人間の経験的把捉が『観

ぬ。

察』に基き得ないことを力説した。それは人間に対する観照的認識が不可能だということに他ならぬ。人間の把捉は実践的交渉に基かねばならない。実践に於ける直接の理解を反省するところに人間知があり、この人間知の体系化が人間学となる。然らば彼の人間学の源泉は実践であり、そうしてその実践を根本的に明かにするのは道徳哲学である。

人間の学はかかる意味に於て実践的なる主体の学としてあらゆる理論的なる客体の学から区別せられる。従って人間とは何であるかとの問は、主観に於て初めて可能となる理論的な問ではなく、かかる主観自身をも主体的に把捉する実践的な問である。人間の学に於て主観客観の対立が撥無せられるということは、右の如き意味に理解せられなくてはならぬ。

ところで我々は以上の考察に於て人間を孤立的な『我』とする立場に暫く立っていた。しかし我々にとっては人間は間柄に於ける人であり人に於ける間柄である。この間柄に着目すれば主観客観の対立関係は更に異った意味で撥無せられることになる。これが前にあげた第二の注意すべき点であった。

間柄が人間であるならば、人間とは何であるかの問に於ては、問う者も問われている者も間柄である。が一体問う者が間柄であるとは何を意味するであろうか。それは問が人間の問として共同の問であると云う時にすでに触れられている問題である。人は問があくまでも主観我の発する問であることを主張するかも知れない。しかし我々は問うときにすでにそれが我のみの問ではなくして我々の問であることを知っている。その『我々』とは何であるか。間柄に於て汝・我或は彼・我等が見出されたとき、それが主観客観の対立に陥らないが故に『我々』となるのである。あくまでも主観我の立場に立ち籠るものはこの『我』を『我々』とするために異常な困難を経なければならない。先ず我は主観として客観に対し、その客観の内に我と同一なる他我を見出し、そこに初めて『我々』が成立する。ところでその他我の認識が甚だ困難な問題なのである。しかしそれは主観我より出発したがための困難に他ならない。我々は『我』を見出すよりも更に根源的に『我々』を見出している。何故なら我々は汝或は他者を通じて我を見出すのであり、汝或は他者が見出されるのは間柄の故である。間柄が汝となり彼となり我となる。従ってこれらは同一の間柄の現われとして本来差別あるものではない。即ち『我々』なのである。我々の内の或者が汝であり彼であり我であるのである。日本語に於て『汝』の代りに『我』を使うというような現象が見出されるのは決して故なきことではない。間柄に於ける者は先ず第一に共同的であり従って『我々』である。即ち主観客観の関係に於て対立するものではなく、すべてが主体として相関聯するものである。だから『我が問う』ではなくして『我々が問う』のであることは、すでに間柄が問うということを示しているのである。

このような『我々』の立場は主観客観の対立よりも先である。しかも『我々』は互に相手を我として、即ち主体的に、相互に理解し合っている。即ち我々は間柄に於てある。かく見れば間柄が観照的に他者を見る関係ではなくして、実践的に、行為の主体として、直接に理解し合う関係であることは明かであろう。かかる理解は『我』が他に対して持つ理解なのではなく、間柄それ自身である。我々、我・汝・彼、という如き関係の地盤となる行為的理解である。間柄とはかかる実践的・主体的なる自他不二的な交渉に他ならない。

人間を右の如き間柄として把捉することは、前に説いた『もの』と『我』との関係をも見直させずには置かない。人間は間柄に於て『我』となる。即ち『我』の独自性に於て間柄を現わしている。従って『もの』と『我』との関係は、その真相に於ては、『間柄に於ける我』と『もの』との関係に他ならない。ものを志向するのは『孤立した我』ではなくして、『間柄に於ける我』である。従って志向は本来共同志向であり、その共同志向がそれぞれの我に於て我の志向として現われるのである。かかる見方は志向性を明かにした現象学の立場から見てもあまりに突飛であるかも知れない。何故なら現象学は、一切の学的定立及び自然的態度に於ける超越的存在定立を括弧に入れ、現象学的還元を行うことによって、志向性の場たる純粋意識に達するのであり、そうしてこの純粋意識はあくまでも個人的主観性に他ならぬからである。従って志向性を問題とする限り、それに先立つ自我論的還元は無視すべからざるもののように見える。しかし例えば我々が『見ること』を問題とするに当って、それがただ我のみの『見ること』であって我々に共同の『見ること』ではないと云えるであろうか。もしそうならば我々が『見ること』を共同的に問題とすることは出来ない。それをなし得るのは『見ること』の共同性の上に立っているからである。見ることがそれぞれ個人的に相違するということさえも、この共同性の地盤に立ってのみ可能である。かく志向性の問題が我々に共同の問題であるということは、すでに共同志向を許しているのである。かかる意味に於て『もの』と『我』との対立の地盤たる志向性は、すでに人の間柄に属する。すべての『もの』が志向性に於て見出されるということは、すでに初めよりそれが人の間柄に於て見出されるということを含意しているのである。志向せられた『もの』が主観の内にあるのでないということは、この立場から一層根本的に知られるであろう。例えば幽霊である。それを見るのは個人的な我であるが、しかしそれを作り出したのは孤立せる我ではなくして社会的な意識である。幽霊の信仰が共同的に行われ、幽霊の姿がすでに共同的に作り上げられている所でなくては、何人も幽霊を見ることは出来なかった。だから幽霊と雖《いえども》主観の内にあるのではなくして、人間の間に共同的にあるのである。

　志向性は共同志向性として間柄に属する。しかし間柄自身は志向性ではない。志向性に於て見出されるのは『もの』と『我』であるが、しかし間柄に於て見出されるのは我々自身である。『もの』ではなくして『人』である。志向性に於ては志向せられたものは志向せず志向は志向せられないのであるが、間柄に於ては志向せられた者が志向し、志向が志向せられる。従って『もの』は志向せられるのみであり『人』は志向せられると共に自ら志向する。例えば『もの』を見る時には、この『見ること』はその『もの』からは見られない。然るに人を見る時にはこの『見ること』がその人から見られる。かかる点を捕えて云えば、志向性が単に一方的であるに対して、間柄は相互志向性であるとも云えよう。しかし志向が相互的であるということだけでは実はまだ間柄は成立しないのである。間柄に於ては志向そのものが『もの』との関係とは異った性格に於て現われている。例えば『見る』という志向は、人の場合に於ては、相見る、眼を見つめる、眼をそらす、眼をそむける、眼を伏せる等のさまざまの『見方』によって、鮮やかに間柄の諸様態を現わしている。即ち一方から見るという働き自身がすでに他方から見られることを含み、その間柄によって見方を規定せられているのである。(勿論この場合には他方から見られないことを含んだ見方、例えば傍看、垣間見なども数え込まれてよい。)このような見方は『もの』に対する場合のように単純に一方的であることは出来ない。従って単純に一方的な見方が交互に行われるという意味での相互志向であることは出来ない。従って本来的に相互のかかわりを現わしているような『見方』は、志向と区別して間柄と呼ばれる他はない。かかる区別は一切の志向に於て見られるのであって、そこに志向性と間柄との判然たる区別が可能なのである。

人間の学が実践的なる主体の学であると云われる時、我々はこの『主体』を右の如き実践的なる間柄として把捉せねばならぬ。人間の学に於て問う者と問われている者とが一であるということの最も深い意義はここに現われている。元来問う者と問われている者との同一は、問う者が己れ自身を問題とするということである。即ち『自覚』である。人間以外のいかなるものもかかる自覚は持って居らない。しかしかく自覚する人間は単なる我ではなくして『我々』である。我々であるとは間柄がすでに主体的に把捉せられているということに他ならない。従って我々は我々自身を問う前にすでに問うという如きことを可能ならしめる間柄を自覚している。人間の学としての自覚は右の如き実践的なる自覚の現われに他ならぬのである。

しかしそれならば間柄に於ける実践的自覚と、人間の学としての自覚とは、如何に異りまた如何に関係しているであろうか。我々は今人間とは『何であるか』と問うのである。即ちそこには自覚的に問うという間柄が露出しているのである。従って我々はこの特殊な間柄を実践的な間柄のうちに区切らなくてはならない。我々は以上によって人間の学を他の学から区別し得たと思うが、今や人間の学の学的性格が問題となるのである。

一四　『人間の学』の意義──

(三)　人間の学に於て『問われていること』は、人間が何かであることである

人間の学が人間の問として『問う者』と『問われる者』との間柄を現わす問であり、し

かもこの問に於て『問われている者』も『問う者』も共に人間であることを我々は見て来た。しかし問は『問われている者』が何かであることを目指すのである。即ちそこには『問われていること』がある。だから人間とは何であるかとの問は、問われている者人間が何かであることを明かにしなければならぬ。云いかえれば人間というものの人間であることが明かにせられねばならぬ。

ここに我々は明かにすべき二つの点を見出す。一は問の本来目指すところが『もの』ではなくして『こと』であるという点である。二は人間が人間であることは結局人間の存在に基くということである。

問が何ものかの何かであることを目指しているとすれば、この目ざされている『こと』はその『もの』を離れてあるのではない。それはあくまでも或『もの』が何か『であること』である。しかもその『もの』は『こと』ではない。ものに於て『であること』が明かにせられていないときには、そのものはまだ把捉せられていない。ものの把捉とはそのものが何かであることを理解することである。しかし我々はこの『もの』が客体的に存在するものである場合と、人間というものである場合とを、明白に区別しなければならぬ。問われているものであると同時に問うものであるところの人間は、ただ主体的にのみ把捉せられ得るものであって、客体的には把捉せられない。では主体的把捉を意味する『こと』と、客体的把捉を意味する『こと』とは、如何に異るであろうか。

すべて客体的なる『もの』は、そのものが何かであることによって何ものかであり得るのである。例えば美しいものは美しいことに基いて初めて美しいものとして存在し得る。美しいものを美しいものとして把捉するということは、そのものの美しいことを理解することに他ならない。かかる意味に於てことがものに先立つと云ってよいであろう。帰納的な考方によれば、さまざまな美しいものの経験を集めてそこから共通の性質として『美しいこと』を帰納し得るという。しかしこの帰納の材料はいかにして集められるであろうか。美しいもの醜いものの差別なくものが集められるならば、そこから『美しいこと』は帰納し得られない。従って帰納が可能であるためには、美しいもののみが他から区別せられて集められなくてはならない。然らば帰納に先立ってすでに『美しいこと』が理解せられ、それによって帰納を可能にする材料が集められるのである。即ち『こと』は帰納によって知られるのでなく帰納を可能ならしめる地盤である。かかる意味に於て客体的把捉たる『こと』の理解は、客体的なる『もの』を『もの』たらしめる可能根拠であるということが出来る。

しかしかかる意味の『こと』の理解は、カントの認識主観と同じく、客体を客体たらしめる地盤としての主体人間である。それは客体を客体たらしめる『こと』であるが故に、あくまでも客体的なる『もの』となることが出来ない。しかも主体的には『もの』である。主体的に相関聯しつつ間柄に於て生きているところの人間という『もの』である。だから主体人間は客体的な『もの』に対しては『こと』でありつつしかもそれ自身に於ては『もの』であると云われなければならない（三〇）。かかる『もの』は客体的な『もの』の意味に於て肉体ではないが、しかし主体的には肉体でもあるのである。

主体的把捉とは右の如き『主体的なるもの』の直接把捉である。従ってそれが客体的把捉と同一でないことは云うまでもない。しかし一体そのような主体的把捉がいかにして可能であろうか。前に云ったように『把捉』がものの何かであることの理解であるとすれば、それ自身に於けるものが何かであることはいかにして見出され得るであろうか。客体的把捉の場合にはそれを可能ならしめる場面として主体人間がある。しかし主体人間自身が把捉せらるべきである場合には、その場面はもう役立たない。然らば新しい場面はどこに求めらるべきであろうか。

ここに我々はディルタイのいう如き体験・表現・理解の聯関に訴えるべきであるかも知れない。彼によれば精神科学の対象としての人間は、人間の状態が体験せられ表現せられそうしてその表現が理解せられる限りに於て成り立つのである。この生・表現・理解の聯関は、身振り・言葉・行為・作品・社会的制度という如き表現を通じて背後の生の深みを把捉させる。生理心理的な生の統一という如きものも体験・理解の二重関係によって自覚されるのである。かく見れば人間は表現を通じ理解の迂路に於てのみおのれ自身を知ることが出来る。知る主体と知られる対象とが同一であるような知り方はただこの道に於てのみ可能である。

我々はこのディルタイの思想をそのまま是認する。しかし我々は体験・表現・理解の聯関を可能ならしむる場面としての人間を問うのである。生或は体験と呼ばるるものがそれ自身すでに実践的な間柄であること、従って生の表出も、表現の理解も、すべてこの間柄に於て可能となることを主張しようとするのである。ディルタイによれば、我々は我々の体験せられた生を自己や他人の生の表現の内に運び込むことによって、自己や他人を理解する。理解とは、汝に於ける自我の再発見である。従って他人の生の表出や他の人格の理解は、己れ自身の体験・理解の根柢の上に成り立つ。しかしそれならば表現の理解に先立つ所の何らの間柄も存せぬであろう。間柄なくば汝と我の関係もなくその間の通路もない。生の表出も理解を期待せざるものである。然らば他人の生の表現の内に自己の体験を運び込むということがいかにして可能であろうか。我々はそれを理解することが出来ぬ。それが可能なのは我々がすでに実践的な間柄に於てあるからである。間柄に於て自他が分離しつつその分離に於て自他を『我々』として直接に理解しているからである。体験・表現・理解の聯関はこの実践的な間柄の展開に他ならない。ディルタイ自身も亦このことは暗々裏に認めざるを得なかった。『理解は最初実践的生活の関心から生じてくる。実践生活に於ては人々は相互の交際に依存している。彼らは相互に理解し合わねばならぬ。一人は他の人の欲するところを知らねばならぬ。かくして最初に理解の基礎的形式が成立する。(三二)』

然らば実践生活に於ては表現と理解とを必然的に呼び起すような間柄がすでに存するのである。その間柄の客観化が表現であり客観化による間柄の自覚が理解である。だから彼はいう、『相互の理解は個人間の共同性を我々に確証する。個人は共同性によって相互に結合せられている、……この共同性が外に現われて理性の同一性となり感情生活に於ける同情となり当為意識に伴われた義務や権利に於ける相互の拘束となる。……共同性の基礎経験に於ては統一的自己の意識や他人との同種性の意識、人間性質の同一性や個性などが相互に結合せられている。それが理解の前提となるものである。(一二)』即ち共同性が理解に先立つのである。この共同性の客観化が彼に於ては客観的精神と呼ばれ、そうしてそれが他人を理解するメディウムとせられる。(一三) 生の表出が精神的なるものの表現であることは、共同性の媒介によって知られるのである。我々はここに共同性と呼ばるるものが実践的な間柄としてすでに直接の意識以前の理解をふくみ、それによって体験・表現・理解の聯関を可能ならしめることを主張するのである。

我々が主体的把捉として問題にするのは、右の如き実践的な間柄に他ならない。実践は主体の直接的な自己規定として主体が何であるかをすでに暗々裏に知っている。ただそれが何々であるとして明白に意識されていないだけである。人間とは何であるかとの問が目ざしているのは右の如き直接の把捉の理論的解明である。この理論的解明に当ってその方法として表現を媒介とすべきか否かは後の問題であってここには触れない。ここではただ人間の学の目ざす『こと』が表現による理解よりも更に根柢的な直接の（意識以前の）理解であり、それが人間の学に於て何々であるとして規定せらるべきであると主張するに留めよう。

しかしそれならば人間が直接に実践的に何かであるとして把捉せられているとは何を意味するか。更にそれが理論的に何々であるとして規定せられるということは何を意味するであろうか。一体何故に我々は『何であるか』と問うのであろうか。ここに我々は繫辞としての『である』の問題に突当るのである。

『である』ももとより『あり』の一様態である。しかし古い日本語ではそれは『なり』（にあり）及び『たり』（とあり）であった。即ち『に』『と』という如き助詞と熟合せる『あり』であった。『あり』が繫辞として働く場合にかく明白に己れを本来の『あり』から区別したのは何故であろうか。

山田孝雄氏は『あり』の一語を純粋形式用言として独立に取扱い、これに『存在詞』という名を与えている。それは本来『事物の存在することをいうのみのもの』であるが、『その存在という意も甚だ抽象的精神的になりて、極めて広い思惟の形式をあらわすだけの語』となっている。だから根柢に於ては『人間思想の統覚作用をあらわす』のである。この統覚作用を専ら現わすに用いられるのが、『賓語と主語とを結合せしめて文の決定要素をなす』ところの copula としての『あり』の用法である。この場合には『あり』は

『に』又は『と』という助詞を介して賓語に接し、従ってそれらの助詞と熟合して『なり』『たり』となるのである（二四）。

この見解によれば『あり』が事物の存在を現わすのはその『本性的用法』であるに拘わらず、その存在とは『観念に関して見たる点よりの説明』に過ぎぬのであって、根柢に於ては『心理学上にいわゆる統覚作用』を現わしているのである。然らば存在を意味するのは実は本性的用法ではなく、『専ら統覚作用をあらわす』繋辞的用法こそその本性的用法に他ならないということになる。ここにこの見解の矛盾が存すると云わねばならぬ。何故なら言葉自身は事物の存在をあらわす時にその本来の姿『あり』に於て用いられ、繋辞としては『なり』『たり』に姿を変えて用いられる。しかもその意義に於ては『なり』『たり』が『あり』の本来の意義をあらわすとせられるのだからである。

ここに我々は思惟の統一作用と事物の存在との先後が問題となっているのを見る。しかし単に認識論的問題としてでなく言葉を手頼《たよ》りとしてこの問題に近づこうとする時には、Seinによって論ずると『あり』によって論ずるとは自ら異って来なければならぬ。何故なら存在としてのSeinと繋辞としてのSeinには何等形の上の相違がなく、またいずれが言葉としての本来の姿であるかも明かでないに拘わらず、『あり』に於ては明かに存在を現わす用法が本来の姿であり、繋辞としては『……にあり』『……とあり』でなくてはならないからである。従って『あり』という言葉に導かれる限り、繋辞の『あり』（即ち

『なり』『たり』）は存在を現わす『あり』の限定せられたものと見られなくてはならぬ。それを最も顕著に示すものは、『風静かなり』という如く賓辞が副詞である場合である。この場合『静か』という副詞は助詞『に』に助けられて存在詞『あり』を限定する。即ち風が単にあるのではなくして静かにあるのである。然らば『静かなり』は風の『有《あ》り様《さま》』を示すのであり、従って『なり』が専ら統覚作用をあらわすとは云えない。このような『なり』は山田氏が形容動詞として区別した『あり』（……くあり）と異る所がない。『風烈しかりき』は風の烈しくあったことを意味する。即ち同じく風の有り様である。山田氏はこの『あり』が『ある状態性質の存在せること』を示すといいつつも、それが決して『事物そのものの存在をいうにあらずして、その属性の主体に依存することを示す』のであると主張している。しかし主体の存在を含意せずして属性の『存在』をのみあらわすということが果して可能であろうか。属性が存在するとは主体がその属性に於て限定せられて存在するのである。従って形容詞と熟合せる『あり』はすべて限定せられたる存在をあらわすと見られねばならぬ。『なり』も亦『静かなり』『優美なり』という如き用法に於て明白にこの限定せられた存在を示すのである。

　然らば繋辞の『あり』は一般に存在の限定と見られ得るであろうか。『SはPなり』という命題の形式を最も代表的に示すものとして賓辞が体言である場合を取って見ても、事情は同様である。例えば『彼は学生なり』に於ては彼の存在が学生としての存在に限定せられるのである。『学生とは学ぶ者なり』という如き分析的命題に於てさえ同様に学生の存在が学ぶ者としての存在に限定せられていると見る事が出来る。この事は実在せざるものについての立言に於ても同様である。『幽霊は錯覚像なり』という命題は幽霊が実在しないことを云い現わしたものであるが、しかもその幽霊は錯覚像にありと云われる。即ち幽霊の存在を錯覚像としての存在に限定することが、同時に幽霊から現実的なるものとしての存在を奪うことになるのである。だからこの命題が二つの観念の結合であって存在の陳述を含まないということは云えないのである。

このように日本語に於て『なり』が言語上『あり』の限定であるということは、そのまま繋辞としての『あり』が存在をあらわす『あり』の限定であるとして押し進めて行くことが出来るであろうか。

我々はここで立留まって反省しなければならない。『あり』は存在詞である、事物の存在をあらわす、と云われる場合、その『存在』とは何であるか。それは我々が『生きていること』として規定した『存在』の意味ではない。ただ事物があることである。山田氏は『あり』を先ず事物の『がある』として認めつつ、それが抽象的となって『である』に変ると説くのであるが、然し『がある』はいかに抽象的精神的となっても『である』には転化しない。だから我々は『がある』の限定として『有り様』を示すのが『である』であると説いて来たのである。がここ迄の所では問題は事物があることとそれが何かであることとの関聯の問題であって、本来の意味での『存在』の問題とはなっていない。所で我々は前に事物があるのは人間に有たれることであり、従って人間の存在に基くとして説いて来たのである。だから我々は『である』が『がある』の限定であるということを、人間の存在に関係させて考えて見なければならぬ。

『である』は『がある』の限定であるという。しかしその限定とは何であるか。事物は自らを限定しない。限定は事物を有《も》つ人間の有ち方の限定である。然らばこの限定は現実に事物を持つ場合にも、また事物を有つと仮定してその『有り』をのみ取扱う場合にも、同様に行われ得ることである。だから日常的には常に事物があることに基いてそれが何かであることを問題とするに拘わらず、抽象的には現実の事物があるか否かを問わずただ『がある』の限定をのみ問題とすることが出来る。『AはAである』に於てはAがあるか否かは問題でなくただその限定のみが、即ち『である』のみが問題とされ得る。かかる意味に於て『である』は『がある』から独立するのである。即ち事物の『あり』について語らる限り、『がある』は人間が有《も》つことであり『である』はその持ち方の限定である。

かく見れば『がある』と『である』との区別は人間の存在の内部に於ける区別に他ならない。従ってこの両者の根柢に根源的な『あり』を認めるとすれば、それは人間の存在である。『あり』が『存在』をあらわすという命題は、厳密にはこの意味に解せられなくてはならない。人間の存在の顕示（apophansis）が言葉としての『あり』である。

このことはフィヒテが自同律から我の存在の絶対的確実性を証明したときに、すでに含意せられていたと思う。『AはAである』という自同律に於て、Aがあるか否かは問題でないが、しかしこの『である』という必然の関聯は絶対的に定立せられている。即ちもしAが定立せられているならばそれは勿論Aとして定立せられているのである。ところでこの自同性の定立は我に於ける定立に他ならない。即ち我のうちに常に自同的な或物があるということである。だからこの自同性を現わす『である』は、『我は我である』と云い現わすことが出来る。この場合には、もし我が定立せられているならば、ということは出来ない。我は絶対的に定立せられている。『我がある』は直接に確実である。従って『我は』の我と『我で』の我とは同一である。『我は我である』は直ちに『我がある』と云い現わされ得る。自同性を現わす『である』は我があるの『がある』と同一である。即ちフィヒテは我の『あり』に於て『である』と『がある』との同一を認めたのである。

我々はこの根源的な『あり』が『我』と呼ばれることに対しては、ナートルプに同じて不同意を唱えなくてはならぬ。殊に『己れは己れだ』という命題が単に我の自同性のみならず我の独自の存在、従って我を他から分離することを意味するという点に注意すれば、根源的な『あり』が更に自他の分離の地盤たるべきことは明かであろう。しかしとにかく主体的なるものに於て『である』と『がある』とが一に帰するところの『あり』を認めたということは、我々が今主張しようとする丁度そのことなのである。

右の如く『がある』と『である』の根源たる『あり』が人間の存在の顕示に他ならぬとすれば、『である』が学に於て特に重大な意義を持つ所以も亦そこから明かにされ得るであろう。元来『あり』が繋辞として解釈せられるのは、それを陳述の一契機として取扱う立場に於てである。しかし一体その『陳述』とは何であるか。それは人間の存在の表現に他ならない。人間は何かについて陳述しつつおのれの存在を云い現わすのである。だからこそ陳述は『あり』によって云い現わされる。例えば『Sがある』というのはSについて陳述しつつ人間がSを有つことを云い現わすのである。かかる存在の云い表わしに於て『である』の持つ特殊の意義が、ここで問題となるに他ならぬ。

陳述に於ては、人間の存在はすでに先立って与えられている。陳述とはこの存在をのべひろげて云い現わすことである。のべひろげるに当ってそれはさまざまの言葉に分けられ、そうしてその分けられた言葉が結合せられる。逆に云えば結合の前に分離があり、分離の前に陳述せらるべき存在がある。

『あり』を結合の辞とするのは、その結合の前にすでに個々独立の言葉が与えられていることを前提しつつ、ただこの結合の契機をのみ見てそれに先立つ分離を見ないのである。かかる立場に於ては、何事かをのべるに際して言葉を探すという現象は、説明し得られないであろう。そこには結合せらるべき言葉はまだないに拘わらず、のべらるべき『こと』は既に与えられているのである。人はこの『こと』をさまざまの言葉に分けた後に初めて結合し得る。しかし既に言葉に分けられた後でも、『Sがある』という如き陳述に於ては、『がある』は決して結合を現わしてはいない。陳述せらるべき『こと』はSと『がある』とに分けられたままである。即ち分離のみによっても陳述は可能である。

かく見れば陳述に於ては結合よりも分離の方が重大な契機である。『あり』の現わす結合なるものはこの分離に基かなければならない。このことを我々の国語は明白に示している。理解を云い現わす語は『分かる』であり、理解せられた『こと』は『ことわり』であり、理解し易く話すのは『ことをわけて話す』のである。もとよりかく分け得るのは『こと』の内に本来分けらるべき構造があるからである。従って理解は『わけのないこと』が分かるのではなく、『ことのわけ』が分かるのである。しかしすでに『わけ』があるとしても、理解せられる以前にはそれはまだ分かってはいない。だから我々はそれを分かるべき構造を持った統一と呼ぶことが出来る。理解とはそれを分けて分かった構造を持った統一に引直すことである。しかもそれを分けるのは個々バラバラの部分に分けるのではなく、その本来の統一が分けられた部分に現われるように分けるのであり、従ってこの分離は本来の統一の自覚を意味する。

『分かる』のは統一の自覚である。従って分離自身に本来の統一が現われる。その明白な云い現わしが『である』である。それは『SはPである』という如き命題に於ては分立せるSとPとの『結合』の辞として働いているのではあるが、しかしSとPとへの分離がすでにSとPとの本来の統一を自覚することでなかったならば、この結合は全然不可能であろう。だから『である』の結合は分離が自覚せる本来の統一の表示である。統一・分離・結合の聯関に於て初めの統一の自覚が成就せられるのである。我々が『SはPであると分かった』という如き云い現わしを用いるのは決して偶然ではない。

かく『である』が分離によって自覚せられた本来の統一を示すとすれば、それはまさに分かるべき構造を持った統一が分かるべきように分けられつつしかもそれを統一的構造として示しているに他ならぬ。『ことのわけ』は陳述以前にすでに潜勢的に分かって居り、それが陳述に於て『である』としてあらわに分かって来るのである。従って『である』は潜勢的に分かっていることの表示であると云ってよい。陳述に於て云い現わされる人間の存在は、一方に於てものを有つことであると共に、他方に於てこの有つことが何であるかの潜勢的な理解である。有つことに内存する『わけ』である。『何であるか』と問うのは右の如き潜勢的な理解、『ことのわけ』を、あらわに云い現わそうとするに他ならぬ。

以上によって我々は『である』が学に於て特に重大な意義を持つ所以を明かにし得たと思うが、しかしここ迄のところでは、この『である』によって表示せられる人間の存在はただものを有つことの範囲に於てのみ考察せられ、その根源的な意味即ち間柄に於て生きていることには触れられなかった。ものがあること及びそれが何かであることはもとより人間の存在に属することではあるが、しかしそれだけでは人間の存在はつくされていない。

人間は何であるかと問うのはものを有ちつつ間柄に於て生きている人間が何かであることを目ざすのである。従って『である』は更に間柄としての人間の存在を云い現わしたものとならねばならぬ。

このことを我々は再び陳述の本質に眼を向けることによって明かにし得ると思う。『である』は陳述の一契機である。そうして陳述とは人間の存在の表現に他ならなかった。ところで人間の存在が陳述に於て表現せられるのは、先ず第一に間柄に基くのである。人間がもし間柄でないならば、ものがある或はものが何かであるということを言葉によって表現するということは全然起り得ない。人間がかくものに就て云い現わすのは、そのものを共有する間柄に於て互に理解し合うがためである。だから陳述は根源的には間柄の表現である。その点に於て陳述は身振りや動作と異るところはないが、しかし陳述に於ては表現せらるべき間柄を最も細かに分けて陳べひろげることが出来るのである。

ところで間柄の表現に於ては、身振りや動作の場合でさえも、その間柄がすでに先立って与えられている。表現を通じてそれが発展することはあるにしても、表現によって初めて成立するのではない。初対面の挨拶と雖《いえども》初めて知り合うという間柄が挨拶に先立って与えられていなければ表現として無意義である。表現はかく先立てる間柄の客観化である。従って表現に於てさまざまの形が分かれることは、間柄に於てすでに分けがあるからに他ならない。云い換えれば間柄に於てすでに分かっていることがそれぞれの表現に於て客観化せられるのである。

しかし間柄に於て客観化以前にすでに分かっているとは何を意味するか。主体的なる人間の間柄は客体的には無である。従ってそれは客体的に分かっているのではない。ただ主体的に実践的にすでに分離があるというのみである。が分離はあくまでも統一に於ける分離であり、従って孤立化的な分離ではなくして『間柄』である。分かれつつ一であるということに於てのみ間柄は成立する。従って実践的に間柄が存するということは、実践的にすでに分かっているということを含意する。間柄と実践的な『わけ』とは同義である。

我々はここに『こと』のわけが分かるという意味の理解と、実践的に分かっているということとを截然区別しなければならぬ。後者は主体的なる人間が相互に分かれつつ一となること、即ち行動的にかかわり合うことである。そこでは単に『こと』が分かるのではなく『もの』が分かるのである。このような間柄は言葉に表現し得られるのみならずさまざまの習慣・生活様式などとしても客観化せられる。その客観化を通じて見れば実践的な『わけ』の内にはいかに多く相互の理解が含まれていたかが解る。しかし直接にはそれはまだ『こと』の理解ではない。『こと』の理解となるためには実践的な『わけ』がさまざまの『こと』に分けられ、その分離を通じて本来の統一的構造を示すようにされなければならぬ。人間の存在をかく『こと』として分けるのが存在論的と呼ばれるならば、間柄は存在論以前であって単に存在的と呼ばるべきであろう。しかしまたその存在が間柄としてすでに存在論以前の存在理解、即ち実践的な『わけ』を含んでいる点から云えば、それは存在的・存在論的と呼ばれてもよい。ただ我々は間柄に於て存在的にすでに『分かっている』ということが未だ『こと』としての理解でないという点を重視するが故に、むしろ実践的という云い現わしを択ぶのである。かかる意味に於て存在論的なる理解と実践的なる理解とは明白に区別せられなくてはならぬ。

しかし存在論的とは云ってもそれは直ちに理論的なる存在論を意味する必要はない。理論的に存在論をつくる前に、人間はすでにおのれの存在をその存在に於て理解している。即ち存在論以前に存在論的である。かかる意味に於て人間の存在的特徴は存在論的たることであるとも云われ得る。しかしこの意味の存在理解と雖、すでにおのれの存在を『こと』としてあらわにしているのである。だから同じように存在論以前の存在理解であっても、未だ『こと』を分けざる実践的理解とは区別されねばならぬ。粗雑に云えば前者はすでに意識されたる理解であり、後者は未だ意識されざる理解である。従って存在論と存在論以前の存在理解とは同じく『こと』の理解としてただ明白の程度を異にするに過ぎないが、実践的な理解は更にその根柢に存する『わけ』として層位を異にするのである。人間の存在の『特徴』が存在論的たることにあるとしても、かく『こと』としてあらわにさるる『わけ』は更に根源的に間柄として存在すると云われねばならぬ。

それは先立って与えられた間柄としての陳述はまず第一に右の如き間柄の表現である。

実践的理解を初めて『ことば』に分ける。『ことば』に分けるのは『こと』の理解に化することである。言い換えれば意識化することである。『である』はかく『こと』として分けられた実践的理解の本来の統一を示している。従って『である』に現わされる陳述はすでに存在論以前に存在の『こと』としての理解を現わしているのである。

人間とは何であるかと問うのは、間柄としての『わけ』を理論的に『こと』としてあらわにしようとするに他ならぬ。従ってそこにはすでに存在論以前の『こと』の理解が介在する。人間はおのれ自身を問う時にすでに人間が何かであることを理解している。かかる理解に基いて現わにされた『問』が出て来る。すでに理解せられている『こと』を概念に化する。だから学問的研究として人間を問題にする時には、すでに学問以前の理解が二重の意味に於て基礎となっている。第一は間柄としての人間の存在であり、第二は存在論以前の存在の理解である。かく見れば人間の学は人間の存在から存在論以前の存在理解を通じて存在論を取り出すことである。ここで間柄としての存在は、分かるべき構造を持った一つの『こと』として、統一・分離・結合の聯関に於て自覚せられる。従って『間柄に於て生きていること』の構造がここに存在論的に明かにせられる。それが人間というものの人間であることに他ならない。

かくして人間の学は人間存在の存在論として確定せられる。それの目ざすのは人間の存在構造の分析である。間柄としての実践的な『わけ』の内にすでに潜勢的に含まれている

『ことのわけ』を理論的に『である』としてあらわにすることである。一言にして云えば『存在』が『である』に現わされるという傾向を徹底的に押し進めるのである。

人間の学の目ざすところが右の如くであるとすれば、前に『人間』及び『存在』の意義に関して述べた所によって、人間の学の主要問題を大凡次の如く確定することが出来る。人間の存在構造の分析は先ず第一に間柄としての存在の分析から始まらなくてはならぬ。即ち人間の世間性の問題である。次で第二に存在の分析の前半として人間の歴史性の問題、第三にその後半として人間の風土性の問題が取扱われねばならぬ。これらの諸規定を通じて我々は第四に人間の存在の全体的構造を取扱うことが出来る。即ち人間の全体性の問題である。ここに我々は人間の存在の原理を見出し得るであろう。そこで第五にこの原理より出づる人間の道が明かにせられる。人間の存在に内存する存在の『のり』は、存在の本来の意義に従って『道』としてあらわにせられるのである。人間の道は人間の存在に属するあらゆる活動を覆う。従ってそれはあらゆる社会科学の領域に自己を現わさねばならぬ。そこで最後に人間の道の特殊形態が問題になる。

第三章

人間の学としての倫理学の方法

一五　人間の存在への通路

我々は人間の学の意義を明かにするに当って、人間が観照的・理論的に把捉せられる客体ではなく、ただ実践的にのみ規定せられる主体であることを明かにした。従って人間の存在は主体としての人間が間柄に於て生きていることに他ならなかった。しかも人間の学はかかる存在の構造を理論的に分析しそれを概念にもたらさねばならぬ。然らば学問の立場に於てこの『存在』に接近し得る通路はどこにあるか。我々は前に実践的なる間柄がすでに実践的に分かっていることであると云った。然らば我々はその実践的理解を『内省』することによってそれを『ことの理解』に直し得るのであろうか。観照に代る内省が通路を提供するのであろうか。もしそうであるならば実践的な『わけ』は内省に対して客体たり得るのである。従ってそこには認識に於ける主体と客体との関係に相似た関係が成立する。しかしその内省の主体は何であろうか。それが学問の立場に於ける内省であるならば、かかる内省はすでに人間の存在に属する。内省の主体は人間である。然らばここに問題となっているのはかかる内省の主体への通路に他ならない。それは内省によって得られる筈はないのである。

カントに於てはこの通路の問題は存しなかった。主体の実践的なる自己規定は直接意識の事実であり、従ってそのまま実践哲学としての理論的意識へ転化させられる。しかしこの『直接』であって通路を要しないということの裏には、実践的に自己を規定する主体がまさに『理性』であるとの確信を見出し得ると思う。もとより理性が原理（初め）の功能《くのう》であり従ってただ自発的にのみ自己を規定し得る功能《くのう》とせられる限り、実践的な自己規定が理性の事実であるのは当然である。しかし理性は他方に於て認識の原理の功能《くのう》ともせられる。この意義に於ては理性は概念的思惟や理念の功能《くのう》としてその主知的な伝統を悉く背負い込んでいる。理性の本質がただ『初めの功能《くのう》』即ち自発性に於て認められるにしても、従って理論的な理性使用と実践的な理性使用とが明白に区別せられ後者がただ意志の功能をのみ意味するにしても、なお彼は理性をその主知的な伝統に於て把捉している。理性はすでに初めより理論的意識に展開せらるべきものなのである。だから彼が単に自発性という意味のみに於て純粋意志を実践理性として規定しながら、理性なるが故にそのまま理論的意識に化せられるとしたことの内には、彼の主知的なる確信が看取されねばならぬのである。

我々にとっては、カントの後にショペンハウエルが問題としたように、意志が盲目であるということも問題となり得る。盲目であるとは意識されぬということであり従って理論的でないことである。かかる意味に於て理論的と実践的、認識と意志との区別に充分な意味を認めるならば、両者の結合の地盤となり得るものは盲目的意志の根柢ともなり得るものでなくてはならない。カントは『自発性』の意味に於ける理性にこの役目をつとめさせた。その限りに於ては理性は無限に暗い底でなくてはならず従ってその主知的な伝統とは相容れない筈であったのである。

かく見れば実践的なる自己規定が理性の事実として直接に意識せられ、その意識がそのまま哲学的意識として展開せられるというカントの立場は、単にカントの主知的なる確信を示すに過ぎぬ。理論的と実践的、認識と意志との間に何らかの通路なくしては実践の理論、意志の認識を語ることは出来ない。コーヘンはこの通路を法律学に認めた。この考を発展させたゲールラント（一二五）はそれを社会科学に認める。倫理学はもはや徳論でもなければ善論でもない。経済学・国法学・教育科学等の特殊社会科学の多様性からして倫理学の問題が、即ち『人間性の統一に於ける意志の統一の問題』が生ずるのである。意志とは個人が内的体験に於て意識するところの能力という如きものではない。それは社会科学的方法の基礎概念である。意志の統一は人間のそれぞれの共同態に他ならぬ、共同態が倫理学の問題である。

我々はここに極めて興味ある考を見出すと思う。意志を個人の能力とする見方から脱して、それをあらゆる社会科学的な認識の可能根拠と見ることは、人間現象の有的認識に対してその有論的な根柢、即ち人間の存在を問題とするに他ならない。人間の存在への通路は人間の有的認識即ち経験的認識に認められる。例えば経済学はすでに商品を経験的に認識している。そこでこのような経験的対象を対象たらしめる場面、即ち商品たらしめる場面への通路が開かれる。その場面は人間の存在即ち社会的関係に他ならない。かくして一般に経験的なる社会科学がその方法論的基礎としての人間の存在へ通路を開くのである。

しかし我々は存在への通路としての経験的認識が単に社会科学のみであるかどうかを問題とせざるを得ない。新カント派に於て経験の可能根拠をいう時には、『経験』の概念は特に優越なる意味に於て学問的に組織せられたる経験を指している。しかし学問以前の経験及び学問以外の経験は右の如き通路を開かないであろうか。芸術や宗教に表現せられた人間の経験は云う迄もなく、我々の日常生活に含まれたる豊富な人間の経験はここでは通路として役立たないであろうか。我々はそう考えることは出来ない。学問的に組織せられると否とを問わず、人間の経験はその通路を開き得ねばならない。そうでなければその経験が学問的に組織せられた場合にもその通路となり得ないだろうからである。例えば我々は日常的に物を買うことに於て既に商品の経験を持っている。この経験が学問的に組織せられて商品の概念となる場合に、その組織の仕方は自然科学と同様であってもよい。ただ組織せられる経験が自然の経験と異るが故に社会科学は自然科学と方法を異にして来るのである。然らば人間の存在への通路を開くのは学問的組織そのものではなくしてそこに組織せられたる商品の経験である、かく見れば社会科学を通路とすることは、かかる科学に於て組織せられる経験を通路とすることに他ならない。従って存在への通路を求める我々は、更に学問以前及び学問以外の経験に立ち帰らねばならぬのである。

我々はカントに於ける如き直接意識を斥けつつ、しかも日常的なる人間の経験を存在への通路として認める。かかる経験は抑もいかなるものであろうか。

ここに我々はハイデッガーが現有《げんう》(Dasein, 我々自身であるところのもの、即ち人間)の分析を始めるに当って云ったことを想起せざるを得ぬ。彼はこの現有への接近の仕方を問題としつつ、現有が有的《うてき》(ontisch) に最も近く有論的《うろんてき》(ontologisch) に最も遠いことを云って居る。現有は有論以前にすでにおのれの有《う》を理解しているが、然しそこから有論(Ontologie) が引出せるのではない。現有はむしろ対象からしておのれの有《う》を理解するのである。そこで現有への接近の仕方は、現有がおのれ自身に於ておのれ自身からおのれを示し得るような風に択ばれなくてはならぬ。しかもそれは現有をその平凡日常性に於て示さなくてはならぬ。かくして彼は、最も根本的には、時間性を接近の仕方として択んだのである。(二六)『有を理解する現有の有としての時間性からして、有の理解の視圏 (Horizont)

としての時間が根源的に開明せられる。』(一二七)だから『有と時間』が彼の主題となった。しかし彼がこの仕事に於て実際に現有の『存在』への通路として択んだのは、現有の世界・内・有（In-der-Welt-sein）としての統一的構造であった。現有はその日常性に於て何らかものとのかかわりに於て有る。即ち世界の内に有る。それが対象からおのれの有を理解する現有の有の構造である。この構造が明かにせられるに従って、自《おのずか》らそれが時間的構造としておのれを現わにして来るのである。

かくハイデッガーは、有論的に最も遠い存在への通路を、日常経験に於ける『時間性』及び『ものとの係わり』に於て認めた。それは彼にとって日常経験が存在を曝露する尖端であった。しかし問題が人間の存在への通路に関する時、この選択は果して決定的なものであろうか。時間性及び物との係わりよりも更に鋭く存在への手引きをするものは見出せないであろうか。我々はハイデッガーの問題設定そのものがここに彼の思索を限局して、彼の眼をこの最も鋭い尖端から背かしめていると思う。

ハイデッガーは有の問題（Seinsfrage）を哲学の根本問題とする。哲学は『有るもの』の学ではなくして『有』の学であり、従って最広義に於ける有論（Ontologie）である。形而上学は究極的なる『有るもの』を問うのではなく有論でなくてはならぬ。この主張を基礎づけるのが彼の努力の核心である。ところで有の問題は問者たる現有（人間）の有り方に他ならない。有の問題の追究は畢竟問者たる現有をその有に於て明かならしめることである。有は一般に対象（有るもの）の有であり、従って有の問題は対象の有の開明に他ならぬが、しかしこの有の意味を明白に問題化するためには、予《あらかじ》め問者たる現有がその有に関して適当に開明せられていなくてはならない。かくして有の問題は現有の問題に帰着する。現有は他の有者（有る物）とは異り、おのれの有に於てその有に係わっている。即ち何らかの仕方でおのれ自身をその有に於て理解している。このような特殊な現有の『有』が特に存在（Existenz）と呼ばれるのである。だから存在はまた自覚有と呼ばれてもよい。それは現有の存在的な自己理解である。存在を問うのはこの自己理解的な存在の構造の分析を目ざす。それが現有の存在論的分析（existenziale Analytik des Daseins）である。（一二八）

かく彼は一般的な有の問題から存在の問題に到達する。ところでこの存在（即ち己有の理解）と現有に非ざる有者の有とはいかに聯関するであろうか。彼はいう、『現有には本質的に「世界に於ける有」が属する。だから現有に属する有の理解は、「世界」という如き或物の理解や、世界の中で接近せられる有者の有の理解に、同様に根源的に関わるのである。（一二九）』然らば己有の理解と現有ならざるものの有の理解とは、現有に於て同じく根源的である。現有の有は自覚有たるのみならず根源的に他覚有でもある。現有に於ける有の理解は先ず自覚有の意味に於て存在と呼ばれつつそのまま他覚有の意味をもたせられるのである。かかるものとしての有の理解が現有ならざるものの有の根柢とせられるが故に、の理解から区別せられた有の理解が畢竟現有ならざる有者を問題とする有論はすべて現有の有の構造に（即ち有論以前の有の理解の規定性を含んだ存在構造に）基くこととなる。従って現有の存在構造の分析は、あらゆる有論の根柢をなす基礎的有論である。有の問題は要するに現有の有論以前の有の理解を根本的に洗い出すことに他ならぬ。（二三〇）

ここに我々は有の理解の根源的な二つの契機を問題とせざるを得ない。現有ならざるものの有の理解が畢竟ものに反射する自己の理解に他ならぬとしても、己有の直接の理解とものに反射せる理解とは同一ではない。前者は現有としての『有るもの』自身の有として理解せられ、後者は現有ならざるものの有として理解せられるのである。もとより現有の有は世界・内・有として根源的に『ものとの係わり』であり、従ってものへの志向性でなくてはならぬ。その意味に於て現有の有は『ものの有の理解』である。がそれならばおのれの『有』に於てその『有』を理解する現有は、『ものの有の理解』に於てその『有の理解』を更に理解するのでなくてはならぬであろう。かかる意味に於て己有の理解は対象の有の理解から区別せられねばならない。然るにハイデッガーは己有の理解を対象の有の理解の中に解消させてしまうのである。現有の有が『有の理解』であると云われる時、多くの場合には『対象の有の理解』が意味せられる。有の理解によって対象の有があるのである。そうして対象を有らしめる有の理解がそのまま人間の存在なのである。だからこそ彼は有の問題の基礎に人間の存在論を置き得た。人間の存在の分析が基礎的有論であるのは、有の問題のために、対象の有の有論を眼中に置いてのことである。従って人間の存在が先ず第一に人間ならざるものとの係わりとして把捉せられることは、彼の問題設定の必然の結果と云わなければならぬ。

しかし我々はここに彼の基礎有論の限界を見出す。それは対象的なる有論の基礎を提供しようとするのであって、人間の存在自身を本来の問題とするのではない(一三一)。だから彼は人間の有的特徴が有論的たることにあるという処で留まって了うのである。しかも彼自身はこれを彼の現有の分析の強味としている。何故なら現有の分析は、総じて人間の有論という如きものを可能ならしめる地盤としての、有の問題の解決を任務とする。そこに現有の分析の限界がある。もし哲学的人間学が哲学的に充分な地盤の上に立つべきであるならば、先ず現有の充分な有論が樹立されなくてはならぬであろう。しかし彼の現有の分析はこのような充分さを目ざすのではなく、ただ右の如き人間学の有論的基礎づけを少し許りやろうとするだけなのである(一三二)。この主張は有の問題を根本問題とする限り正しいであろう。しかし有の問題の基礎が人間の存在に於て認められ、そうしてその人間の存在の充分な規定が正面の問題とせられるとき、果して有の問題の開明が問題の解決をもたらすであろうか。人間が対象的なるものであり、かかるものとしての人間の有論が作らるべきであるならば、成程有の問題が先であろう。しかし人間は対象的なるものではない。従って人間の有論は不可能である。ただ人間の存在論のみが人間を充分に規定すべきである。だから彼自身も、有の問題の解決を目ざして出発したに拘わらず、やがて人間の存在の全体的規定に没頭してしまうのである。そこでは対象との係わりに於ける有の理解ではなくして、現有の有の時間性が中心問題になる。しかも初めに置かれた限界は、この存在構造の分析をも制約せずにはいなかった。

　人間の存在への通路が限局せられたのは、右の如き基礎有論の限界に基くのであろう。人間の存在は初めに対象の有の理解から眺められる。即ち『ものとの係わり』が入口である。従って人間は初めから『我』として規定せられる。それが誰であるにしろとにかくいずれも我である（Jemeinigkeit）。存在論的には『我』と云う云い現わしを控えて『現有』を用いるにしても、この現有の存在的内容は我に他ならない。ものとの係わりから始める限り、人間が『我』となるのは当然なのである。がそれと共に人間を根源的に間柄として把捉する道は、遮断せられたと云ってよい。勿論ハイデッガーも現有が誰であるかの問題に於て、他人の共現有《ミットダーザイン》を説いてはいる。しかしこの共現有は全と個との弁証法的統一を意味する『間柄』ではないのである。彼はまず現有の構造を道具とのかかわりに於ける世界・内・有として明かにした後に、この道具の有り方に於て他人を見出す。道具に出逢う時、同時にその道具の使い手・作り手・持主・売主等々に出逢うのである。これらの他人は我と同じく道具にかかわり、従って我と同じく現有としての有り方により世界・内・有の仕方に於て世界の内にある。それは道具と同じく『手に有る』（zuhanden）のでもなければ自然と同じく『前に有る』(vorhanden) のでもなく、存在の構造上『それも亦共に現に有る』のである。この共にする世界・内・有に基いて、世界は我が他人と共に分ける世界、即ち共同界《ミットウエルト》であり、内《イン》・有《ザイン》は他人との共有《ミットザイン》である。他人の世界内的な自立有《アンジヒザイン》は共現有《ミットダーザイン》に他ならない。(一三三) このような共現有の『共』が、いつも我であるところの現有の共在であって、その間に弁証法的な統一を持たないことは明かであろう。それが『共に』ある地盤は道具の世界である。他人の共現有は世界内的に『手に有るもの』即ち道具から出て向き合って来る。だから現有が本質的にそれ自身に於て共有《ミットザイン》であると云われるにしても、その共有は結局アトム的なる現有の共在であって、一つの全体としての『共同態』ではない。現有はおのれ自身をまず『手にあるもの』から見出す。他人も亦同様に世界から出てくる。いずれもその根源に人間の全体性を持たずして、ただ道具との係わりのみを持つのである。かかる立場に於ては現有がおのれを見出す地盤としての間柄は問題となることが出来ず、従って個人的存在が全体に於て個人的として定まって来るという関係も見失われて了う。ハイデッガーが自他の主体の対立を前提として他人が出て来るのでないことを力説したのは正しい。また他人との有の関係がおのれ自身を理解するおのれの有を他人の内に投射したものであるとの『感情移入』の立場を斥けたのも正しい。(一三四) 然しあくまでも有の理解を介してのみ他人が出て来ると考えたところに、現有の存在構造の分析の著しい限界がある。それは理解の根柢に存する間柄にまで溯ることを許さない。存在構造の究極の問題は我のみの存在に於て取扱われ得る時間性の問題に限局せられ、人と人との間を構成する肉体性は無視せられて了う。人間の存在は死すべき我の存在であって、生命を生産する間柄としての存在でなく、またその存在の特徴は単に有論的たることにあって、実践的・行為的・創造的・生産的たることには認められない。

かかる人間の存在が果して日常性に於て最も手近に接近せられるものであろうか。我々はかく考えることは出来ぬ。我々の日常性に於て最も手近なのは、人との係わりである。見合い語り合い働き合うところの人間関係である。それが何故に主体的な人間の存在への通路として択ばれないであろうか。

ここに我々は存在への通路を『おのれ自身からおのれ自身に於ておのれを示すもの』に求めることの不充分を見出すのである。主体的なる人間の存在は決しておのれ自身に於ておのれを示しはしない。それはただ『表現』せられるのみである。日常的なる人間関係はすべて間柄の表現に他ならぬ。それが実践的な間柄の実践的におのれを示す唯一の仕方である。我々の日常経験は先ず第一に右の如き表現の理解であって、おのれ自身からおのれを示すところの対象の有の理解ではない。後者にのみ留まるのは結局現象を個人的意識の域内にのみ限ることに他ならず、それに先立つ無意識的なるものには全然近づき得ないであろう。

ディルタイの説く生・表現・理解の聯関は、人間の存在への通路を求める場合に、その最も優秀なる方法的意義を発揮し来ると思う。彼の考の内には、既に説いた如く、我々にとって充分でない点もある。表現はあくまでも個人的な生の表現でありつつ、しかも他方に於て共同性の客観化であると云われる。そうして生に於ける共同性と個人性との間の弁証法的な統一は触れられていない。また表現・理解の聯関は最も基礎的な生の展開にも含まれているとしながら、理解は特殊の個人的天才にもとづくとも云う。日常性は彼の手から洩れ去っている。しかし一切の意識的努力に於て把捉し得られないような生の深みが、ただ表現に於てのみおのれを現わになし得るという根本の考は、極めて豊穣なものである。意識せられるよりも先に表現せられる。そこに意識の立場を突き破って主体的なるもの実践的なるものに迫り行く可能性が与えられるのである。即ち表現こそまさに人間の存在への通路である。

　我々は『事実に即する』ということを日常的なる表現の理解から出発するという意味に規定する。それは必ずしも表現に於て已れを現わしている人間の存在の充分な理解ではない。しかもそれはディルタイの云う（三五）如く実践的な利害に支配されている。従って表現は欺き得るものであり、その理解は立場の相異によって異る。しかしそれにも拘わらず、観察・反省・理論などに先立つところの実践的な間柄が、すでにこの表現・理解に於て『こと』の理解に化せられているのである。それは『まこと』であることも『ひがこと』であることもあるであろう。しかし欺かれるということは間柄の表現・理解に於てのみ可能なのである。だから我々はこの日常的な表現・理解に於て存在論以前の存在の理解を見出すことが出来る。人間の存在論はこの日常的な表現の理解を根本的に洗い上げることである。かくして我々は人間の存在への通路を我々に最も手近い日常経験の内に認める。必ずしもディルタイのように偉大な芸術家宗教家哲学者の仕事の内に求めるを要しない。我々の最も平凡な日常生活——朝起きて飯を食い、昼間を仕事に費し、夜はまた寝る、ただそれだけのことの内にも無限に豊富な存在への通路が見出されるのである。朝起きる、と唯一言に云われるが、しかし起きるのは通例『家』の内に於てである。『家』は単に材木や土の集積ではなくして一定の目的のために或量の労働によって構成せられた『住居』であり、またこれを『住居』として使用しているが故にそこで起きることが出来るのである。ところで住居として使用することの内にはすでに『住』としての人間存在の表現とその理解がふくまれている。のみならず住居は人間が種々の形の共同生活を営む場所であるが故に、共同存在の種々の仕方がすでに住居の構造に表現せられている。起きるのは必ず何らか社会的に一定の性格を持った『室』に於てである。ところでこの室は畳を敷き襖に仕切られて居る、或は板敷であり錠前のある扉に仕切られている。それも存在の仕方の表現である。がそれはここにのみ見出されるのではなく社会的に規定せられた様式の一つの『例』に他ならぬ。即ち一定の社会の歴史的風土的諸制約の表現である。更にまた我々はこの室に於て朝起きるために間代家賃或は代価を払っている。即ち家は一定の交換価値を持つものとして経済的な社会関係を表現しているのである。だから我々がそれを明白に意識すると否とを問わず、これら一切の表現の理解の上に於てのみ我々は朝起きるのである。同様に我々は『衣』についても述べ立てることが出来る。起きるのは蒲団の中からであり、その時には寝間着を着ている。これらが『住』と同じく広汎な人間の存在の表現である。更に朝起きて飯を食う時には『食』について同様のことが云える。その他家族或は同居人と『言葉』をかわし、或は何らかの『身振り』によって『挨拶』する。これもすべて人間の社会的存在の表現と理解である。況んや仕事のために『外に出る』段になれば、我々は恰も表現の海の中に泳ぎ出すようなものである。疏水、道路、町並、分譲地、自動車、電車、会社員、学生、等々の一切が社会的存在を表現している。

　我々の日常生活はかかる表現の理解によってのみ可能である。しかし我々はそれによってそこに表現せられた存在を理論的に理解しているのではない。即ち表現による存在の理解は未だ存在論的理解ではない。のみならずかかる存在論なくしてもすでに経験的対象に関する理論的認識は可能なのである。即ち我々は存在を表現するものからそこに表現せられた存在に溯ることなく、ただそのものをものとして取扱い、その間の諸々の関係を理論的に取扱うことが出来る。例えば『家』は建築学の対象ともなり経験的経済学の対象ともなる。不動産としては法律学の対象であり、住居としては衛生学の対象である。これらの場合に家によって表現せられる人間存在の存在論的規定は必ずしも必要ではない。しかしかく『物』が理論的に取扱われるのは、この物が何らかの意味に於て人間の存在の表現だからである。日常生活に於ける表現・理解の地盤の上に於てのみ物の認識は発展する。星を扱う天文学さえもそうであった。ところで我々はその同じ表現・理解の地盤を、逆に存在への溯源の通路として用いようとするのである。『存在を表現するもの』から、そこに表現せられた主体的存在の方へ出て行こうとするのである。それを我々は存在論の任務と考える。従って存在論の方法は存在への通路として日常的な表現・理解を確保して置かなければならぬ。

我々は人間の存在を『間柄に於て生きていること』として規定して来た。存在を表現するものはすべてかかる間柄を表現するのである。商品は社会関係を表現する。電車は『交通』の道具として同じく間柄の表現である。山でさえも例えば東山は『名勝』『保護林』等として社会的存在を表現する。然し間柄の表現は先ず第一には家族・朋友・町・組合・会社・政党・国民・国家・国際聯盟等々の如き人の間の結合形態に認められなくてはならぬ。だから我々は日常生活に於て無限に豊富な存在への通路から、特にこれらの人間結合形態を択び出し、それを優越なる意味に於て存在への通路とすることが出来る。

かかる選択は我々の人間の学を『社会学』たらしめるように見えるかも知れない。しかし我々は『社会』を度外して人間の研究が可能なりとは考えることが出来ない。社会の学でない人間の学は具体的に人間を取扱ってはいないのである。がまた『人間』を度外して社会学が作られるとすればそれも同様に抽象的であるだろう。人間の学と社会の学とが何らか異ったものであるかの如く見られて来たのは、人間を孤立せる人として把捉し社会を孤立人の形成する物と見る近代個人主義の立場に立つが故である。既に云ったようにアリストテレースに於ては人間の哲学はそのまま社会の学であった。その伝統はヘーゲルに於て偉大な形に活かされ、フォイエルバッハを通じてマルクスに発展させられている。全体が個人よりも先である。社会的人間としてよりも外に人間は把捉せらるべきでない。幸にして我々は、『人間』という言葉そのものにすでにこの理解を云い現わしている。我々が人間の学という時にはそれは既に社会の学でもあるのである。

しかしそれだからと云って我々は、今日事実上作り出されている『社会学』と同様のものとして我々の人間の学を試みようとするのではない。コント以後に始まった社会学は、大体に於て経験的帰納的学問である。それが個々の社会科学の上に立つ普遍的社会学とせられるにしても、或は社会形式をその本来の対象とする特殊的社会学とせられるにしても、とにかくそれらは人間社会という形成物を対象的に取扱い、その対象に於ける本質的関係を明かにしようとするのである。従ってそれはこの形成物に表現せられたる主体的なるもの、即ち主体としての社会に溯ろうとするのではない。かかる社会学に反抗して分析的演繹的概念学としての社会学を建立しようとするシュパンでさえも、彼がその直接体験、共体験的理解によって可能とする社会学的認識に於ては、社会ちょう［という］形成物をあくまでも『対象』として取扱っている。直接体験に於ては対象は内から理解せられる、それは対象自身の開示的理解である、対象の内部が開示せられるのである。が内部と雖《いえど》もそれは対象の内部であって、対象的ならざる主体自身の開示ではない。従って対象は『表現』として理解せられるのでなく、全体としての社会も主体的に把捉せられていない。我々にとって存在への通路たるものが、社会学に於ては対象自身である。ここに明白な区別が見られなくてはならぬ。人間の学は社会学の対象を通路としてそのアプリオリに溯るのである。

一六　人間の存在はアプリオリである

我々の日常生活は豊富に横溢せる存在の表現である。我々はこの表現から出発してそこに表現せられた存在に達し、それを分析してその根本的なる構造聯関を明かにしようとする。(従って倫理学の問題は人間の存在に於ける他の問題と相並んで存するのでなく、人間の存在の根本的構造の問題なのである。) 然らば『間柄に於て生きていること』は、即ち主体的なる人間の存在(社会的存在)は、存在の表現にとっても、またこれを通じて存在に達する理論的方法に於ても、常に先立つものである。

我々はかかる意味に於ける人間存在のアプリオリ性を明白に承認しなければならぬ。

我々が理論的に思惟を始める時には、すでに実践的な間柄の表現が与えられている。我々は学徒として学問の立場に立つのであり、そうしてそれは一つの『職業的関心』として人間の社会的存在の表現である。かかる関心の内部に於ていかに無関与的な公平な傍観者になろうとも、この観照的態度そのものは実践的な間柄によって規定せられている。だから理論的に把捉する思惟が現実的な主体なのではなくして、かかる思惟を一つの態度として職業的習慣的に固定せしめる実践的な間柄こそ真に現実的な主体である。従ってまた観照せられた世界或は思惟によって把捉せられた世界が真に現実的なのではなくして、実践的におのれを表現する間柄こそ真に現実的な世界である。かかる意味に於て実践的な間柄は現実的地盤として観照や思惟に先立つ。我々は表現の迂路によってこの現実的地盤の存在構造を捕え、それを相互に相関聯せる存在の仕方に分析しようとするのである。だから存在論的に（即ち理論的に）明かにせられた『存在の仕方』は、それ自身存在論的規定として間柄の表現であると共に、かかる存在論的分析を導くアプリオリとして、存在論的に規定せられるよりも先にすでに現実的地盤たる間柄自身の存在形式・存在規定であったのである。

人間の社会的存在が（一三六）人間の意識を規定するとは、まさにこの人間の存在のアプリオリ性を云い現わしたものに他ならぬ。構造上先であるものが後なるものを規定し得るのであり、従って社会的存在は人間の意識のアプリオリである。しかし学問は、人間の意識として、すでに規定せられた立場に立っている。それは存在から出発するのではなくして、ただ意識からのみ出発し得る。構造上の先後と方法上の先後とは丁度逆である。人間の存在に達し得るためには、人間の意識から出発してそれを規定するものに溯って行かねばならぬ。がそれは意識のアプリオリとしての主体へ溯って行くことである。方法上後なるものがすでに初めより方法上先なるものを導いていたことを明かにするのである。

かく見れば人間の社会的存在が人間の意識を規定するという立場は、断乎として経験論の立場を斥けなくてはならぬ。社会が主体であり、主体として意識に先立つのであるならば、それは勿論経験よりも先である。経験の可能根拠は生ける全体としての主体の内に存する。主体が経験のアプリオリである。然るに経験論は経験或は意識に先立って存する規定原理を認めない立場である。そこでは与えられたる経験からの帰納によってのみ抽象的な普遍が捕えられる。しかし経験の根柢たる主体的なるもの、『生ける全体』には触れることが出来ない。だから真に具体的な社会的存在を把捉しようと欲するならば、経験に先立ってその前提となれるところの主体即ち社会を規定原理として認めなければならないのである。

マルクスが学的に正しい方法として主張したのもまさに右の如き意味のアプリオリスムスであった。経験論の立場に於ては現実的具体的なるものから出発する如くに見える。例えば十七世紀の経済学者は、生ける全体、即ち人口・国民・国家という如きものから出発した。然しその全体或は具体的なるものはただ表象せられた全体或は具体的なるものに過ぎなかった。それは詳細に規定せられるに従って益々稀薄な抽象物になり、抽象的普遍的な関係という如きものに帰着する。生ける全体はどこにも捕えられて居らない。正しい方法はかかる抽象から逆に具体的なるものへ溯る道である。しかも具体的なるものの混沌たる表象へではなくして、多くの規定と関係とを含んだ豊かな全体性へ溯る道である。『具体的なるものは、多くの規定の総括なるが故に、即ち多様の統一なるが故に、具体的である。従って思惟に於てはそれは総括の過程として、成果として、現われる。出発点としてではない。しかもそれは現実的な出発点であり、従ってまた直観及び表象の出発点でもあるのである。（一三七）』即ち現実的な出発点たる具体者が、思惟の道に於ては最後の成果として再生産せられる。ヘーゲルの誤謬は現実的なるもの（das Reale）を思惟の成果とした点にあった。抽象より具体へ溯る方法に於ては、思惟は具体者を精神的に再生産するのみである。それは単に再現であって具体者自身の成立過程ではない。具体者即ち現実的主体（das reale Subjekt）は意識や思惟に先立って存し、それが意識や思惟におのれを現わすのである。だから『理論的方法に於ても主体即ち社会は前提として常に表象の前に浮んでいなくてはならぬ。（一三八）』学に於ける範疇は主体に存する現実的な関係の『表現』である。主体の存在形式、存在規定、或は個々の側面の表現である。そうして主体自身が現実的歴史的に発展するに従い、それを表現する範疇も一層具体的になる。その限りに於て抽象より具体へ溯る抽象的思惟の法則は現実的歴史的過程に合致するのである。

右の如き方法が経験的帰納的方法でないことは云うまでもないであろう。勿論学的方法の出発点は経験である。しかも帰納的に精練せられた経験である。然しそこから出て『既に与えられている具体的な生ける全体』に到達するのは、経験的帰納的な方法ではない。それは経験に先立ち経験の根柢たる人間の存在に溯るのである。だから彼は『頭の外に独立して存立せる』ものを常に『主体』と呼んで、決して客体としては取扱わない。しかもその主体は直接に学の対象となるのではない。それの思想的表現としての抽象的範疇を媒介とし、より具体的な範疇に溯ることによって、かかる思惟の現実的な出発点としての主体に帰って行くのである。かかる方法こそ我々のいうところのアプリオリスムスに他ならない。

もとより我々は、人間の社会的存在が意識を決定するという豊穣な思想を、単に経済学にのみ限ることは出来ぬ。人間の生活の社会的生産は単に経済的生産のみでなく、またその生産関係は単に経済的関係にはつきない。従ってこの生産関係の総体性は単にただ社会の経済的構造とのみ見らるべきではない。なるほど法律関係や国家形態が意識よりも先なる実質的生活関係に根ざしているということは云えるであろう。しかしこの関係の総体性がブルジョワ的社会として総括せられ、そのブルジョワ的社会の解剖学が経済学に求められるとき、実質的生活関係はただ一面的に、従って抽象的にしか把捉せられていないのである。何故ならそこでは実質的生活関係がただ一義的に『利害関係』としてのみ解せられている。従ってブルジョワ的社会の最後の形態の一つが株式会社（一三九）に於て認められる。これこそ英国のブルジョワ的人間観の中核であり、そうして生ける全体としての人間の把捉を誤らしめた根本の態度なのである。

しかしこの問題を徹底的に追究することはここでは必要でない。ここに我々が主張しようとするのは、ただ人間の社会的存在が人間の意識のアプリオリであるという一点のみである。

この主張はアプリオリを論理的にのみ解する立場からは排斥せられるであろう。しかしかかる立場の先駆者とせられるカントに於ては、果してアプリオリは単に論理的認識論的の意味のみを持っていたのであろうか。なるほど彼に於ては、認識素材を経験にまで形成するところの認識の形式がアプリオリであると云われる。従って経験と共に始まる認識に於てすでにその構成的根柢として構造上経験に先だつのがアプリオリの意味である。ところで右の如き認識の形式は根源的には超越論的統覚即ち純粋主観に属する。『認識する我』に於て認識の形式を主観的に制約するものが、経験に於て、また経験と共に、意識に上って来るのである。然らばアプリオリなるものは根源的には認識の主体に他ならぬであろう。その主体は認識に於てはあくまでも己れ自身をあらわさないに拘わらず（即ち認識の客体となることがないに拘わらず）、実践的にはおのれ自身をあらわにする（offenbaren）のである。しかもカントに於てはそれは超個人的なる主体として把捉せられた。超個人的なる主体が同時に個人的なる我の『本来的自己』なのである。然らば根源的なるアプリオリとしての主体は、全体性であると共に個性であるところの主体、即ち我々がいうところの間柄としての人間に他ならない。カントのアプリオリを論理的にのみ解するのは、彼の所謂主体がその本来の姿をただ実践的にのみあらわにするという点に注目しないがためである。たといカントが統覚我を論理的自我（logisches Ich）と呼んでいるとしても、それによって彼は論理的抽象物、普遍的なる或もの、非現実的なるものを意味したのではない。論理的自我とは『論理的に考えられたもの』ではなくして、ロゴスの主体、即ち思惟の主体なのである。即ち現実的な主体なのである。それは思惟する主体なるが故に思惟によっては把捉せられない。しかしカントはそこにのみ留まらなかった。理性の理論的使用の関心も究極するところは実践的である。(一四〇) 即ち思惟の立場は実践の地盤に於ける一つの立場である。従って主体の主体的把捉は、思惟の立場を出て実践の地盤に移ることにより可能にせられる。しかもかくして把捉せられた本来的自己が理論理性によって迎え取られなくてはならないことを彼は主張する。それが彼の有名な実践理性の優位の主張である。従って認識のアプリオリとしての論理的自我が実践的にあらわにせられた道徳的主体と『結合』せられるということは、彼にとっては『理性自身にアプリオリに基ける、必然的な』ことに他ならない。ただ我々にとって問題として残るのは、道徳的主体の超個人性がいかなる意味に於て全体性であるか、またその全体性と個性との統一がいかなる意味の統一であるか、という点である。カントは道徳的主体としての人間の存在を『自己目的』として規定し、これらの目的のすべてが体系的に結合せる全体を『目的の国』と呼んだ。即ち自己目的たる主体は先ず数多性の範疇に於て把捉せられ、その『多数なる目的』の体系が総体性或は全体性の範疇に於て把捉せられている如くに見える。だから目的の国に於ては個々の人格がその国民であると共に元首であると云われるのである。しかしこの目的の国は可想界として考えられているのであり、そうしてこの可想界は『それ自身に於けるもの（Dinge an sich selbst）としての多くの理性者の全体』と云われる。（一四二）可想界に於ける数多性と全体性とは一体カントに於ていかなる意味を持ち得るのであろうか。個々のものの体系的結合が全体であるという如き経験界の数多性と全体性とが、そのまま可想界に運び込まれてよいのであろうか。全体が直ちに個でありつつしかも個が全体に於て個であるという如き弁証法的関係を認めずしては、可想体としての本来的自己は把捉し得られないのではなかろうか。またそれによってカントの『社会的法則』が真に具体的となるのではなかろうか。がこれらの問題は後の問題である。ここではただ自己目的としての人間の存在がカントに於ても究極のアプリオリであることを主張し得れば足りるのである。

カント以後に展開せられたアプリオリの論理的解釈は、カントの実践理性の優位の主張を斥けてのみ可能である。思惟の立場を実践の地盤に於ける一つの関心に基けて認めるという彼の考に重点を置くならば、人間の存在を一切の意識よりも先なるものとして認めることは、むしろカントの中心思想に合すると見られなくてはならぬ。

かく見れば人間の存在及びその存在規定のアプリオリ的性格は、主体に於て原理を認める限り、実質的側面を重んずると形式的側面を重んずるとの別に拘わらず、承認せざるを得ないところである。従って人間の存在への接近の仕方やまたこの存在の把捉の仕方は、アプリオリ的な認識でなくてはならない。

一七　解釈学的方法

日常生活に於ける表現を通路としてアプリオリなる人間の存在に達することは、ただこの表現の理解によってのみ可能である。しかしこの理解が単に恣意的・主観的でなく、学としての客観性を持ち得るということは、如何にして保証せられるであろうか。それを我々は、表現の理解に客観性を与えるところの、解釈学的方法に求めようと思う。

解釈学（Hermeneutik）はもと文学の地盤から生じた。（文学という云い現わしを自分は Philologie に当てて用いる、即ちそれは学であって文芸ではない。）ところでその文学とは何であるか。それは如何なる意味で解釈学を生んだのであるか。

ベェク（一四二）によれば、文学とは、人間の精神によって生産せられたものを、即ち認識せられたものを、認識しようとする学である。だから文学は既に与えられた知識を前提し、それを再認識する。この点に哲学との相違がある。哲学は原始的に認識し、文学は再認識するのである。再認識として文学は歴史的認識に他ならない。しかし一般に認識することなしには認識せられたものを認識することは出来ず、また他人が認識したものを知ることなしには認識に直ちに達することも出来ない。従って文学と哲学とは相互に制約し合う。ギリシアの精神を伝承せられた種々の著作から再生産することは文学の仕事である。これに助けられて哲学は現象の本質に向うことが出来る。がまた逆に文学も哲学的認識を待たずしては過去の認識を再生産することが出来ない。文学は歴史的に構成するが、しかし最後の目標は歴史的なるものの内に概念が現われることである。かく文学と哲学とは互に相待つのみならず、特に『歴史の哲学』及び『哲学の歴史』に於て合致して了う。歴史哲学は再認識を事とする文学が究極に於て哲学に化して了ったのであり、哲学史は原始認識を事とする哲学が究極に於て文学に化し去ったものである。

文学が右の如きものであるとすれば、それは常に人間の精神の表現を取扱い、表現の理解によって再認識を遂行するのである。勿論、文学の取扱う表現は言語的表現であって形象的表現ではない。それがまさに『文』の学であって、意味的形象の学でない所以である。またその故に文学は、思想表現の文章をもその研究の対象とし、必ずしも文芸にのみその研究を限らないのである。しかし表現の理解としては、形象的表現にも共通の問題がここに捕えられている。『解釈』が問題となるのは、かかる広い意味の表現の理解に関してである。ベェクによれば、[一四三] 解釈（Hermeneutik）と批判（Kritik）とは右の如き理解に含まれた二つの契機に他ならぬ。解釈は対象をそれ自身に於て理解することを任務とし、批判は多くの対象の間の関係を理解することを任務とする。両者は互に他を前提としつつ、しかも各々異った働きである。この際解釈や批判の対象となるものは、常に何らか伝承せられたものである。それは言語、文字などの如く、認識せられたものの『しるし』として、認識せられたものとは形態上異っている場合もあれば、また美術品の如くそこに表現せられたものと表現する形象とが形態上一致している場合もある。後者の場合には考古学的（美術史的）解釈及び批判が形成せられることになる。ベェクはかかる解釈の問題を文学の立場から解決しようとしたのである。

元来 Hermeneutik（解釈）の名はギリシア語 hermēneia から出ている。この語は神の名 Hermēs と根源を同じくする。ヘルメースは神々と人間との間の仲介である。彼は神の思想をあらわにする。無限なるものを有限なるものに、神的なる精神を感覚的な現象に、飜訳する。だから彼は『分かること』（Scheidung, Besonderung）の原理を意味している。従ってまた彼は『分からせること』（hermēneia, Verständigung）に属する一切のもの、特に言語と文字の発明者とせられる。何故なら言語文字によって人間の思想が形を得て来る、即ち人間の内の神的なるものの無限なるものが有限な形態にもたらされるからである。これは内なるものが分からせられることに他ならぬ。ここに hermēneia の本質がある。それはローマ人が elocutio と呼ぶもの、即ち思想の表現である。理解ではなくして理解し得るようにすること、分かるようにすること（Verständlichmachen）である。だからこの語の古い意義は、他人の言葉を分かるようにすること、即ち『通訳』であった。即ち Hermeneutik に於ては内なるものの展示（Auslegung）が重大なのではなくして、この展示によりあらわにせられる理解自身が重大なのである。この理解は思想表現の意味の hermēneia の再構成に他ならない（一四四）。

ここに我々は hermēneia が表現及び表現の解釈という二重の意味を担わせられていることに気づく。通訳ということがすでにこの二重性格を持っている。表現は解《わか》るようにすることであるが、しかしそれによって直ちに理解し得ないが故に、この『分かるようにすること』が更に分かるようにせられなければならないのである。ここに表現の表現、即ち表現の再構成の意味がある。それは云わば表現の自覚である。ここで理解にもたらされるものは、最初に内なるものとして表現せられたそのものに他ならない。しかもその理解は高次の理解である。『解釈』は初次的な表現の再構成として高次の理解を意味するのである。

ベェクはかかる意味の『解釈』の理論（Theorie der Hermeneutik）を作ろうとした。（この意味に於ては Hermeneutik はただ『解釈』と訳さるべきであって解釈学とすべきでない。）この理論は、文学《フィロロギッシェ》的認識即ち『理解』の形式的理論であって、哲学的認識の形式的理論たる論理学に対する。正しい理解や論理的な思惟はそれ自身一つの技術であって、半ば無意識的な熟練に基いている故に、己れ自身を理解しているとは限らない。論理学が見出される前に人は論理的に思惟したし、また理解の理論を要せずして人は日々に他人の思想を理解する。しかし認識の権能と限界とを意識しないとき哲学者がしばしば迷いに陥るように、理解の理論なくしては文学者《フィロローグ》はしばしば誤った理解に陥る。だから思惟の技術に対して思惟の理論が必要なように、理解の技術に対しては理解の理論がなければならない。もとより理論を知ることによって技術が得られるのではない。論理学の知識が哲学者を作るのでないように、理解の理論の知識が文学者を作るのではない。しかし理論の価値は、人が無意識に遂行するところを意識にもたらすという点にある。それによって技術は正しく導かれるのである。

かくの如くベェクが『理解の理論』『解釈の理論』と呼ぶところのものは、ディルタイに於て解釈学（Hermeneutik）と呼ばれ、単に文学の基礎理論であるのみならず哲学の基礎理論であるとせられるに至った。勿論ディルタイは解釈学が文学の地盤から生じたという歴史的聯関を決してその眼から放さない。彼は文学の根柢としての解釈の技術からいかにしてこの技術の学たる解釈学が生れて来たかの歴史を熱心に叙述している。[一四五] が彼によれば、解釈の技術と哲学的能力とを結合して解釈学を初めて成立せしめたのは、シュライエルマッヘルである。この哲学者の大胆な命題、――著者がおのれ自身を理解していたよりも一層よく著者を理解するのが解釈学的方法の最後の目標であるということは、ディルタイが繰り返して強調したように、また解釈学の立場に立つ哲学者たちの標語ともなっている。しかし前述の如き解釈学が哲学的方法とせられるのは如何なる意味に於てであろうか。ディルタイによれば（二四六）、外から感覚的に与えられた『しるし』によって内なるものを認識する過程が、理解である。それは根本的には、表現とそれに於て表現せられたものとの関係に基いている。さてこの理解の種々の段階のうち、最高なるものは天才的な理解である。これが技術に化せられると『解釈』になる。持続的に固定せられた生の表出の技術的理解、それが解釈である。ところで人間の内部或は精神生活は、言語に於てその充分な、客観的把捉を可能ならしめるような、表現を見出す。だから右の如き理解の技術は、文書の内に保存せられた人間存在の遺物の解釈をその中心とすることになる。解釈が文学《フィロロギー》の出発点であり根柢であるのはその故である。従って文学《フィロロギー》は、その核心に於ては、個人的技術、技倆であって、学問ではない。解釈の技術も亦文学者の個人的・天才的な技倆に属することであって、初めはただ個人的接触により伝授せられるのみであった。しかしすべての技術は、『きまり』『かた』『のり』という如き規則に向って動いて行く。従って解釈の技術からもその規則の叙述が生れて来る。かかる規則に就ての論争や、或は規則を根拠づけようとする要求が、解釈学を生み出すのである。だから解釈学は、その成立の事情より見れば、文書的紀念物の解釈の技術の学に他ならぬ。それによって少くとも言語的紀念物に対しては、それの理解が普遍妥当性を持った解釈にまで高められる、ということも可能なのである。

ところで右の如き解釈学の歴史的発展が我々に示していることは、理解の分析に於て一定の規則が見出されたということである。このことは我々をより広い展望へ導いて行く。理解は単に言語的表現にのみ関するのではない。それは一般に表現と表現せられたものとの関係に基いている。ディルタイは生の表現として概念判断の如き論理的表現と、行為と、体験の表現との三大別を立てているが、特に行為や行為に於て固定せられた社会的形成をその表現とするところの生は、『創造する者、行為する者、己れを表現するもの』としての人間性（Menschheit）、即ち『人間的・社会的・歴史的現実』に他ならぬ。それは我々のいうところの人間の存在である。理解はかくの如き人間の存在のあらゆる表現に関する。従って理解の理論が作らるべきであるならば、それは右の如き広汎な表現の解釈の技術の学とならねばならない。そこで解釈学の任務は、歴史的・社会的なる人間の存在、即ちディルタイの所謂『歴史的世界』の、生ける聯関についての知識の可能性、及びその実現の手段を明かにするにある。ディルタイはこれを歴史認識論の任務として把捉した。歴史の領域にロマン的な我儘勝手や懐疑的な主観性が侵入するのに対抗して、解釈の普遍妥当性を理論的に根拠づけようというのである。かくして解釈学は哲学と歴史科学との重大な結合点となり、精神科学の根拠づけの主要成分を構成する。

解釈学が哲学的方法となったのは、右の如く哲学と歴史学との接近に基くのである。それはベェクが歴史の哲学や哲学の歴史について哲学と文学との渾融を説いた時に、すでに予感されていたことであった。哲学が対象とするところのものの歴史性社会性が注目せられるに従って、哲学自身が一つの hermēneia となり、その基礎理論が解釈学となるのは、極めて順当な発展であると云われねばならぬ。

かくしてディルタイに於ては、生・表現・理解の聯関に於て『生の範疇』を求め、創造する者行為する者としての生の『作用聯関』を明かにするのが、解釈学的方法となる。それは意識されない生の深味、非合理的なる生、即ち行為者を把捉する唯一の方法である。理解は、非合理的な生の表現の理解として、論理的思惟の把捉し得ざるものを理解する。従ってそこには人間生活の静的構造ではなくして、運命的に動き行く生の動的構造が捕えられる。生の解釈は動的解釈であり、かく解釈せられる生の根本構造も動的なのである。人間の生をその生自身から理解するという生の哲学の方法的原理は、ここにその核心を持っているといってよい。

我々は右の如き解釈学的方法を学び取って、人間の存在論の方法としようとする。だから次の如きディルタイの言葉は我々の方法の導き手である。『人は生から出発せねばならぬ。それは人が生を分析せねばならぬという意味ではなく、人が生をその諸形態に於て従うて生き（nachleben）、生に内存する帰結を内的に引き出さねばならぬという意味である。哲学は「生」を、即ち生ける動性（Lebendigkeit）としての、生関係の主体を、意識にまで高めそうして終りまで考えるところの、一つの行動である。（二四七）』かかる行動はそれ自身動的なる生の解釈であり、生の解釈はただ表現を通ずる。『従うて生きる』のはさまざまの形態に表現せられた生に従うて生きるのであり、単なる観照ではなくして自覚する行動である。だから生の哲学は哲学する生であると云われる。哲学が世界を解釈するのみであって変更しないという非難は解釈の真義を捕えているとは云えない。解釈は歴史的なる人間の生を変更するのである。その著明なる例はマルクス自身による資本主義社会の解釈であろう。

かくして我々は次の如く云うことが出来る。間柄に於て生きていることは同時に表現され理解される。生・表現・理解の聯関は人間の存在自身の構造である。だからそれは同時に人間の存在の仕方の一つとしての哲学の方法でなければならぬ。解釈学的方法は右の如き人間の存在の構造聯関を意識に高める仕方である。日常生活に於て現実に行われつつしかも自覚せられざる過程を、自覚的に繰り返すことである。人間の学としての倫理学はこの方法によってのみ行為する主体を主体的に把捉することが出来る。

解釈学的方法の強味は、それが初め与えられたる文書的遺物から出発し得たように、常に与えられたる人間存在の表現から出発し得ることである。この点に於てそれは現象学的方法よりも優れている。しかし表現から出発することは果して根本的と云えるであろうか。『表現』は実は現象学の『現象』に基くのではないであろうか。この点を明かにするために少しく両者の異同を顧みて見よう。

解釈学的方法と現象学的方法とは、いずれも『事実に即する』という要求の上に立っている。従って両者は共に、あらゆる学問的定立を離れ、一切の理論に先行して、かかる理論の根源たる生活体験に根本的に帰って行く。しかし現象学はここに留まらない。それは更に日常生活の自然的態度に於ける世界経験から、その素朴な超越有の定立を排除し、『純粋意識』にまで還らなくてはならぬ。これが現象学の固有な領域たる『現象』なのである。この現象学的還元は、自然的態度がすでに超越有の定立という如き観照的態度を核心とするという前提の下に行われる。従って自然的態度に於ける無意識的・実践的・行動的な側面は顧みられない。現象学者は何の拘泥もなく、一切が直観的に照らされ得る静的な観照の世界に還り得るのである。そうしてこの世界の中で『現象』の本質が志向的構造に於て直観せられるのである。しかし解釈学にとっては、自然的態度に於ける日常生活そのものがすでに生・表現・理解の動的聯関であり、常に表現を介して無意識的なる生の深みに連っている。意識面に現われるのは無意識の底から外に押し出されたものである。従って現象はすべて生の客観化たる『表現』に他ならない。超越有が定立せられているにしても、それは根に於て主体的なる生に連っている。即ち先ず行動の立場に於て定立せられるのであって、単に観照的にのみではない。だからこの定立の排除は行動実践の立場をも共に排除することなしには不可能であろう。従って純粋意識への還元はここでは行われ得ない。現象は常に超越有と結合せる『表現』である。意識に内在せるものではなくして、意識と無意識との結合点である。大は芸術、宗教、哲学、社会的制度などより、小は身ぶり、動作、言葉などに至るまで、すべてそのままに現象と呼ばれる。(二四八)

現象学的現象と表現の意味での現象との右の如き相違は、『表現とそれに於て表現せられたものとの関係』を考察するに当って、全然異った見方として現われて来る。現象学の立場に於ては、表現関係も亦一つの現象であり、従って志向的構造を持たねばならぬ。表現せられたものは表現という志向作用の対象である。それはノエーマとして意識面に露出している。それを露出させる表現作用はノエーシスとしてあくまでも対象とはならないが、しかし意識自身であって意識の外なるものではない。然るに表現をそのまま現象と見る立場に於ては、表現は生の客観化であり、従って客体的なるものとして己れを示しているものである。それに対して『表現せられたもの』は意識せられざる生の深み、即ちそれ自身に於てはおのれを示さないもの、云いかえれば非現象である。非現象が現象に於て（即ち他者に於て）己れを示すが故に、そこに表現の意義が生ずる。然らば表現関係は志向関係ではないが故にまさに表現関係なのである。

かく見れば表現関係は純粋意識の現象としてのみは説き得られざるものである。それは無意識の意識化として、他者となるという契機を含まなければならない。しかし飜って考えて見ると、この契機なしに総じて『現象』という概念が正当な意義を持ち得るであろうか。『現われる』ということが、現われないもの隠されたものを予想せずに、どうして云われ得るであろうか。

ハイデッガーは現象の概念を次のように定めている。（一四九）現象 phainomenon という語は本来『おのれをおのれ自身に於て示すもの』を意味する。しかしまた物はおのれ自身に於てそれでないものとしておのれを示すことも可能である故に、『かく見ゆるもの』『仮象』という如き意味をも持つ。現象学の『現象』は前者の意味である。従ってそれは『現われ』(Erscheinung) という意味の現象とも異っている。『何かの現われ』としての現象は、おのれ自身を示さないものが、おのれ自身を示すものによって、おのれを知らせること (Sich-melden) である。だから『現われ』は一言で云えばおのれを示さないこと、即ち現象でないことを意味する。しかも『現われ』がおのれを示さずしておのれを知らせ得るのは、おのれを示せるものを媒介とするからである。従って『現われ』は現象を根柢とし前提とする。のみならず『現われ』という云い現わしには二重の意味が含まれている。おのれを知らせるという意味での『現われること』(das Erscheinen) と、その『知らせるもの』自身 (das Meldende) とである。更にこの『知らせるもの』は、本質的に決して現われることのないものが、外に輝き出たのであるとも解せられる。『単なる現われ』(bloße

Erscheinung）という意味での現象がそれである。カントの所謂『現象』（Erscheinung）は、直観の対象を指しているかぎり『おのれを示すもの』としての現象を意味するが、同時にそれ自身に於ける物（Ding an sich）の現われとしては『単なる現われ』に他ならない。現象の意義についてのこのような混乱を避けるためには、現象学に於ける如く、『現象』を『おのれ自身に於ておのれを示すもの』として限定しなければならないのである。

しかし我々はこの限定そのものに疑問を抱くことが出来る。現象の語が初めより仮象の意義を持ち、またその後も主として『現われ』の意味に用いられたのは何によるであろうか。現象が初めよりおのれ自身を曝露せるものとして把捉せられていたのならば、何らかおのれ自身を示さないものとの関係が何故にここに考え込まれたのであろうか。おのれ自身を知らせながらも、しかもおのれ自身を示さないものがあるからである。そこで問題はおのれを示さずしてしかもおのれを知らせるということの意義に集中して来る。ハイデッガーは現象を媒介としてのみこのことが可能であることを説いた。しかしおのれを示すもの（現象）がおのれを知らせることとの媒介となる場合、前の『おのれ』と後の『おのれ』とは別のものである。例えば身振りに於ては、身体やその動きなどが『おのれ』であって、それがおのれ自身に於ておのれを示している。この現象を通じておのれを知らせるところの『おのれ』は、おのれ自身を示していない主体である。かかる主体と身体とが別々にあり、前者が後者を媒介としておのれを知らせるというのである。これは果して身振りによりおのれを知らせるということの真相を摑んでいるであろうか。おのれを知らせるということと離れて、まず身体やその動きがそれ自身のおのれを示しているであろうか。決してそうではない。おのれを知らせるということが直ちに身振りそれ自身である。二つの『おのれ』があるのではなくして、ただ一つの『おのれ』が身振りに於ておのれを示しているのである。云いかえれば『おのれを示さざるもの』がそれにも拘わらず他者としておのれを示しているのである。かくの如く『示さずして示す』ということが『現わす』ということの意味に他ならない。だからこそ現象は『現われ』として『おのれを示さざるもの』への関係を含意するのである。然るに現象からこの契機を洗い去り、ただ『おのれを示すもの』としてのみ現象を限定しようとするのは、全然観照の立場に立って対象的なるものがおのれを示すという側面のみを捕え、自ら動く行動の立場を顧みないが故であると云わねばならぬ。主体がおのれを客体化するという行動の立場に立つ限り、他者としておのれを現わすことこそまさに現象である。カントの用法は決して混乱を示しているのではない。

しかしハイデッガーは右の如き困難をまぬがれるために、『おのれを示すもの』としての現象に彼独特の特殊の意味を与える。即ち現象とは或物の向い来る仕方(Begegnisart)である。おのれをおのれ自身に於て『示すこと』である。おのれを示す『もの』とおのれを示す『こと』とを区別せず、カントの意味に於ける直観の対象を単純に現象と呼ぶのは、通俗的な現象概念であって現象学的な現象概念ではない。後者はカントの問題に移せば

『直観の形式』に当る。従って通俗的意味の現象は『有るところのもの』であり、現象学的な現象はかかるものの『有』である。現象学は、『おのれ自身を示すものを、それがおのれ自身からおのれを示す仕方に於て、それ自身から見させること』に他ならぬ。即ちその『もの』を見させるのではなくして、ただその『示す仕方』を見させるのである。だからそれは、手近に普通におのれを示すもの（有るところのもの）の意味や根柢でありながら、しかも普通にはおのれを示さず、隠されていること（即ち有）であると云われる。そうしてこの隠されていることがまさに『現象』なのである。『現象学的の現象概念は、おのれを示すものとして、有るものの「有」、その意味、その諸様態、及びそこから導出せられたこと、などを考えている。……有るものの「有」は、その背後に現われない或物が立っている様なものでは決してあり得ぬ。現象学の現象の背後には本質的に何ら他の物は立って居らぬ、がしかし現象たるべきものは隠されてあることは出来る。そうして現象が普通には与えられて居らないというまさにその理由で、現象学が必要なのである。』（一五〇）かくして現象学は、日常性から出発しつつも日常的には隠されている領域に入り込む。現象とはただ現象学にとってのみおのれを示すものであって、日常生活にはおのれを示さない。日常的に普通におのれを示すものは、有るところのもの、即ち通俗的意味の現象である。

しかしここまで来れば我々は何故に現象学的現象が固執されなければならないかを怪しまざるを得ない。そこには『隠されたる現象』（有）と日常的にあらわな現象（有る物）

とが区別される。有と有る物との区別を重大視するハイデッガーにとっては、有る物は有に対して他者である。有はこの他者に於ておのれを現わしている。そこでこの他者が有への手引きになる。然らば有る物は、おのれを示さざる有がしかもそれに於ておのれを示しているところのものに他ならぬであろう。然らば有る物がまさに表現を意味するところの現象であり、それに於て表現せられる『隠された現象』は、現象の名を捨てるべきではなかろうか。

かく見ればハイデッガーがその現象学を解釈学的現象学とする動機が理解し得られると共に、それが現象学ではなくして解釈学たるべき所以も理解し得られるであろう。解釈学的現象学である所以は、『隠されたる現象』が通俗的現象を介して解釈し出されねばならぬからである。しかし『隠されたる現象』が現象の名にふさわしないならば、この解釈学的方法は現象学と呼ばるべきでない。隠されたる現象とは実は有る物の有であり、そうしてこれは根源的には現有の存在である。従ってここでは現有の存在が通俗的現象（即ち有る物）から解釈し出されようとする。解釈学は本来表現を通ずる道であるが、ここではまさに有る物がその表現の位置を占めている。有る物がすでに有ることを表現しているが故に、それを手引きとして有が把捉せられるのである。これまさに解釈学ではないであろうか。ここに通俗的現象が現有の存在の表現として把捉されず、あくまでも『有るところの物』として取扱われるのは、ただ有の問題が前提であるからに他ならない。しかし有の問題を前提として日常的に最も手近なものをすでにこの視点から摑むということは、ミッシュも指摘しているように[二五二]、日常的な事実自身から出発することではない。ハイデッガー自身も有る物を『最も手近に普通におのれを示せるもの』として認めている以上、これを『現象』として取扱い、そうしてそこに現われている人間の存在に溯るという解釈学的方法が、最も率直なやり方ではなかったであろうか。

我々はハイデッガーの現有の存在論的分析から、有論と現象学とを捨てることによって、方法的に多くのものを学び得ると思う。従って彼が現象学的方法の根柢として説く所は[二五三]、そこに『有る物』とせられているのを『表現』に、『有』とせられているのを『人間の存在』に置きかえることによって、そのまま解釈学的に転用し得られるのである。

現象学的方法の第一は現象学的還元であるとせられる。しかし彼に於ては現象とは有である。今やこの有が問題とせられる。しかし有は必ず『有る物』の有であるが故に、ただ或『有る物』から出発することによってのみ接近し得られる。この際、把捉的・現象学的注視《ブリック》は、『有る物』へも同時に向っているのではあるが、しかしそこでこの『有る物』の『有』が際立ち、そうして問題化せられる様にするのである。云いかえれば、有の把捉は先ず必然に『有る物』に向い、次に一定の仕方でそこから去り、その『有』へ還って行く。これが現象学的還元である。かかる還元の方法によってのみ『事実に迫る』ということが実現せられる。――これを我々は次の如く云いかえ得るであろう。現象とは人間の存在の表現である。今や人間の存在が問題とせられる。しかし主体的なる人間の存在はただその表現に於てのみ接近し得られるが故に、我々はまず表現を捕え、その解釈によって存在を理解せねばならない。それは表現から表現せられた人間の存在へ還って行くことである。これが還元と呼ばるべきであるならば、存在への解釈学的還元と呼ばるべきであろう。

第二は現象学的構成である。第一の方法によって注視を元へ還すのみでは、消極的であって充分でない。更に積極的に有まで連れて行かなければならない。即ち指導が必要である。『有』は『有る物』の如くすぐに手の届くものではなく、日常的な堕在から自己を解放することによって、即ち自由な宿業離脱に於て、初めて見え出すものである。かく所与の『有る物』をその『有』及び『有の構造』の方へ離脱せしめることが、現象学的構成である。──我々はこれを次のように云いかえる。表現の理解はすでに日常的に行われているが、しかしそれは無自覚的である。解釈学的方法はこの過程を自覚的に繰り返さなければならない。この自覚的な繰り返しの行動は、哲学的行動として、直接の実践的関心から離脱しなければならない。しかもこの離脱の立場に於て自由にその繰り返すべき実践的行動を自ら生き得ねばならない。かくして人間の存在の動的構造が、自らその構造を生くることによって構成せられる。それが存在の動的解釈である。だからそれは解釈学的構成と呼ばれてよい。

第三は現象学的破壊である。有の離脱は有る物から有への還帰によって行われる。即ち出発点は『有る物』である。従ってこの出発は有る物の事実的な経験によって、またその経験の可能範囲によって、限定せられている。然るにこれらのことは事実的な現有に、即ち哲学研究の歴史的情勢に属することである。有る物はあらゆる時代にいかなる人に対しても同じ仕方で接近せられるというわけではない。現有の存在は歴史的であり、従ってその歴史的情勢に従って有る物の接近可能性や解釈の仕方が異ったり変化したりする。哲学史がそれを実証している。いかに根本的に新しく始めようとしても、伝承的な概念や視圏《ホリゾント》の浸透は防げるものではない。そこで真に根源的であるためには、有の還元的構成の上に『破壊』が加わらなくてはならぬ。破壊とは、どうしても用いなければならない伝承的概念を、その作られた源泉に返し、批判的に掘り起すことである。云いかえれば伝統の発掘である。これは伝統を無用なものとして否定するのではなく、それを積極的に己れのものとすることを意味する。かかる意味に於て構成は破壊によって行われ、破壊は構成となる。従って哲学的認識は本質的には歴史的認識である。両者は本来一つである。——ここまで来ると我々はこの破壊が何故に現象学的と呼ばるるかを理解することが出来ぬ。ここに破壊と云われるのはまさに解釈学的方法の核心である。伝統を発掘してその源泉たる生の深みに達し、そうしてそれを自ら生きること、それが人間の存在の動的構造を構成する所以である。解釈学的構成はかかる意味に於て伝統の発掘即ち破壊でなければならない。しかも伝統とは『表現』以外の何物でもない。ハイデッガーがここで丁度ベェクの言い。

葉を繰り返すかのように、哲学的認識と歴史的認識との本質的同一を説くことは、有論と現象学との外被の下にいかに解釈学的方法が中心的勢力を持っていたかを曝露するものである。

かく見れば還元・構成・破壊の方法は解釈学的にのみその真義を発揮し得るものである。ハイデッガーは初めに、有が『有る物』の有である故にただ『有る物』から出発することによってのみ接近し得られるということを、現象学的還元の必要である所以とした。然るに終りに至って、この『有る物』への接近の仕方が歴史的に制約せられたものであることを説く。『有る物』からの出発自身がすでに一つの歴史的事実として、解釈を要するものなのである。然らば最初の現象学的還元が、ただ解釈学的破壊を前提としてのみ根本的に行われ得るものであることは、認めざるを得ないであろう。『有る物』からその物の『有』の方へ還って行く、その場合にこの『有る物』がただ歴史的に限定せられた仕方でのみ接近せられたのであるならば、還元せられた『有』も亦歴史的に限定せられた『有』である。かかる『有』は有論の『有』でもなければ現象学の『現象』でもなく、まさに解釈学に於ける『生』即ち人間の存在に他ならない。『有る物』への接近の仕方が歴史的に異るということは、かく異る仕方に於て接近せられた『有る物』の他に『有る物』が存しないということである。即ち『有る物』がそれ自身すでに歴史的に制約せられたものであり、従って『表現』に他ならぬということである。だから還元・構成・破壊の聯関は、初めより表現の解釈に於てのみその意味を持つと云われねばならぬ。

我々はかくの如き解釈学的な還元・構成・破壊の方法を用いる。ところでこの方法によって明かにせらるべき課題は、すでに人間の学の意義を説くに当ってその最後の箇所に要約して置いた。即ち、(第一)人間の世間性、(第二)人間の歴史性、(第三)人間の風土性、(第四)人間の全体性、(第五)人間の道、(第六)人間の道の特殊形態である。我々はこれらの課題に右の如き方法を適用しようとする。この際我々がこの方法の強味として強調し得るのは、それが人間の存在の全体的規定としてアプリオリ的認識を目ざすにもかかわらず、経験的立場に於ける一切の道徳科学的、道徳史的、及び社会学的、社会史的諸研究を活用し得ることである。何故なら、経験的帰納的研究に於て取扱われている一切の風習、道徳、社会形態などは、人間の存在の『表現』としてまさに解釈学的方法の豊富な材料を提供するからである。だから例えばレヴィ・ブリュールの主張の如き(一五三)も、それが我々の立場と異るにもかかわらず、我々の立場に於て活かせることが出来る。実証的道徳科学はまさに解釈学的方法にとっての材料整理の学である。レヴィ・ブリュールはかかる道徳科学の方法を確立しようとした。そうしてこの立場に於て倫理学の不可能なることを論じた。それはその通りである。倫理学はかくの如き実証科学の対象(即ち経験的な倫理的現実)を通路として逆に人間の存在に溯ることによってのみ可能なのである。レヴィ・ブリュールにとっては道徳科学は実証的社会学の一分科に過ぎないが、我々の倫理学はかくの如き社会学に対してさえそのアプリオリの根柢を与え得ねばならぬ。がまさにその故に我々の倫理学は主観的心理学的事実から出発してはならないのである。それはあくまでも客観的な『表現』から、即ちレヴィ・ブリュールの所謂社会的事実、或は社会的事実としての倫理的現実から出発する。ただ我々はそれを『表現』として取扱うが故に、経験的帰納的立場に留まり得ないのである。

附註

一　Die Thesen über Feuerbach. I. These. (Marx-Engels Archiv, I. Bd., S. 227.) 三木清訳、『ドイッチェ・イデオロギー』(岩波文庫)、三一頁。

二　Karl Marx, Das Kapital, I. Bd., S. 336. 高畠素之訳、『資本論』、第一巻、三五三頁。

三　Die Thesen über Feuerbach. VI. u. VIII. Thesen. (M.-E. Archiv, I. Bd., S. 229.) 三木訳、三三、三四頁。

四　L. Feuerbach, Grundsätze der Philosophie der Zukunft. Frommanns Taschenausgabe, S. 85, 87, 89.

五　Vorläufige Thesen zur Reform der Philosophie. Feuerbachs „Sämtliche Werke", hrsg. von Bolin u. Jodl. 2. Bd., S. 235.

六　Das Wesen des Christentums. Reclam-Ausgabe, S. 53 ff. 邦訳『基督教の本質』あり。

七　同前、五九頁。

八　同前、五八頁。

九　同前、六三頁。

一〇　同前、五四頁。

一一　Die Thesen über Feuerbach. I., V. u. VI. Thesen. (M.-E. Archiv, I. Bd., S. 227 ff.) —Die Deutsche Ideologie. M.-E. Archiv, I. Bd., S. 244. 三木訳、三一、三三、五五頁。

一二　Vorläufige Thesen z. R. d. Ph., a. a. O., S. 239.

一三　Marx, Zur Kritik der politischen Oekonomie, hrsg. von Kautsky, S. LV. 邦訳『経済学批判』あり。

一四　Die Deutsche Ideologie, a. a. O., S. 238.　三木訳、四七頁。

一五　同前、二九〇頁。三木訳、一一七頁。

一六　同前、二四七頁。三木訳、六〇頁。

一七　Das Kapital, I. Bd., S. XVII, S. VIII.　高畠訳、『資本論』、第一巻、序文、一五頁、七頁。

一八　Die Deutsche Ideologie, a. a. O., S. 237/8.　三木訳、四六頁。—S. 242. 五三頁。—S. 248. 六一頁、等。

一九　Max Adler, Lehrbuch der materialistischen Geschichtsauffassung, S. 102 ff.　このアドラーの書は、共産主義者からは、社会民主主義の反革命的性格を露出しマルキシズムを誤まるものであるとして攻撃せられている。A. Fogarasi, Der reaktionäre Idealismus—Die Philosophie des Sozialfaschismus (Unter dem Banner des Marxismus, Jg. V, Heft 2) 参照。この攻撃は、一言にして云えば、アドラーが共産党に属せず、また党派的に振舞わないということの攻撃であって、それ以上に教えるところのないものである。

二〇　Die Deutsche Ideologie, a. a. O., S. 242.　三木訳、五三頁。

二一　同前、二三八頁。三木訳、四七頁。

二二　同前、二四三頁。三木訳、五四、五五頁。

二三　同前、二四七、二四八頁。三木訳、六〇、六一頁。

二四　同前、二四三頁。三木訳、五四頁。

二五　Bucharin, Historical Materialism, p. 2 ff.　邦訳あり。

二六　Max Adler, Lehrbuch der materialistischen Geschichtsauffassung, S. 203.

二七　同時にまたフォイエルバッハが「自分は実践哲学の領域に於てのみ Idealist である、……理念は自分にとってはただ歴史的未来、真理と徳の勝利に対する信仰に他ならぬ、即ち政治的及び道徳的意味を持つのである。然し本来の理論哲学の領域に於ては自分にとっては……ただ Materialismus のみが妥当する……」（Das Wesen des Christentums, Reclam, S. 36/7.）と云ったこと、またそれを模したかのようにブハーリンが「理論的 materialism 及び idealism は実践的 idealism 及び materialism と混同されてはならぬ。……理想に忠実な人は実践的意味で理想主義者（idealist）と呼ばれる、が彼は哲学的、理論的 idealist の明白な反対者であってよい。命を犠牲にする共産主義者は実践に於て idealist である、しかも全然 materialist なのである」と云ったこと（Historical Materialism, p. 57.）なども、初めて正当に根拠づけられ得るであろう。我らの問題は実践に於ける理想主義の根源を探ることである。

二八　H. Cohen, Ethik des reinen Willens, 3. Aufl., S. 1.

二九　同前、三頁。

三〇　同前、同所。

三一　Logik der reinen Erkenntnis, S. 15, 81.

三二　Ethik des reinen Willens, 3 Aufl., S. 104 ff.

三三　ここではコーヘンは Gesellschaft を用いているが、倫理学ではこれを法律学的な Genossenschaft に置き換える。

三四　この点に於てコーヘンはカントを忠実に継承している。

三五　カントに於てはこの両者は同義に用いられている。

三六　Ethik d. r. W., S. 214/5.

三七　同前、七七頁。

三八　同前、六七頁。

三九　同前、二三二、二三三頁。
四〇　同前、二四四頁。
四一　同前、八三、八四頁。
四二　同前、七、八頁。
四三　コーヘンは時間・空間が数学の判断に含まれる範疇であるとした。だから論理的な「ある」も亦時空の限定を持つと云い得るかも知れぬ。しかしその場合の「ある」も依然として存在の概念であって存在自身ではない。可能的な存在であって現実的な存在ではない。
四四　P. Natorp, Praktische Philosophie, S. 30/1.
四五　Kant, Anthropologie in pragmatischer Hinsicht, Cassirers Ausgabe, 8. Bd., S. 5.
四六　このMoralが単に道徳の意であるか、或は道徳学の意であるか明かでない。第一の形而上学に対しては、同じく学としての道徳の形而上学或は道徳学がここに置かれねばならないし、第三の宗教に対しては単に道徳であってもよい様に見える。後段六六頁参照。
四七　Kant, Logik, Cassirers Ausgabe, 8. Bd., S. 343/4.　田辺重三訳、『論理学』、二八、二九頁。
四八　Aristoteles, Ethica Nicomachea, 1094 a.
四九　Kant, Kritik der reinen Vernunft, S. 861.　天野〔貞祐〕訳、『純粋理性批判』後篇。この訳書には第二版の頁附あり。その八六一頁。
五〇　同前、第二版、八六六―八六八頁。この場合のMoralは明かに道徳哲学である。
五一　同前、第二版、八六九、八七〇頁。
五二　尤もカントがその『道徳の形而上学の基礎づけ』第二章に於て、この人間の存在の規定を突如として持ち出していることは事実である。だからそれはただカントの確信を語るのみであって少しも論証せられて居らないと批評せられる。これは同時にカントが、彼に於て最も根柢的な人間学を、自覚的に問題としていないということに他ならぬ。

五三　Aristoteles, Ethica Nicomachea, Magna Moralia, Ethica Eudemia. 最初の著作のみがアリストテレースの自作として信用すべきものとされている。

五四　J. Burnet, The Ethics of Aristotle, p. xxvi/vii.

五五　同前。

五六　Aristoteles, Ethica Nicomachea, 1181 b 15.

五七　他に community と訳さるる語に koinōnia がある。しかしこれは communion, association, partnership などを意味する語である。

五八　D. P. Chase, Aristotle's Nicomachean Ethics, p. xv-xvii. なおチェースは politikē の語の三義を説いている。根本の意義は「社会の学」であるが狭義にはこの社会の学の一部分としての倫理学をも意味し、更に社会の組織統治に関することとしての政治学をも意味するというのである。同前、二、三頁。

五九　Ethica Nicomachea, 1094 a 25–1094 b 11.

六〇　幸福―eudaimonia は本来は「好きダイモーンを持つこと」であり、ダイモーンは「好運」を意味した。然しギリシアの哲学者はこのダイモーンの意味を深めることに努力している。ヘラクレイトスによれば、人間の性格がダイモーンである（ēthos anthrōpōi daimōn）。デモクリトスに於ては、ダイモーンを持つことは家畜の群を持つことなどではない、psukhē（心）がダイモーンの住家である。クセノクラテスに至れば、psukhē 自身がダイモーンである。かくして遂に、「ダイモーンを持つこと」は、心の活動となりロゴスを知る生活となるのである。（Burnet, The Ethics of Aristotle, p. 1–4.）

六一　Ethica Nicomachea, 1097 b 8–16.

六二　Politica, 1253 a 18 ff.

六三　同前。1098 a 16/17. psukhēs energeia kat' aretēn.

六四　同前。1103 a 4-25.

六五　かく断定することには多くの反対もあるであろう。ここはマックス・ヴント（Die Griechische Ethik）の解釈による。

六六　Politica, 1. 2.

六七　同前。1253 a 2.……kai hoti anthrōpos phusei politikon zōion.

六八　同前。1253 a 18 ff.

六九　同前。1253 a 36/7. hē de dikaiosunē politikon: hē gar dikē politikēs koinōnias taxis estin: hē de dikē tou dikaiou krisis. ジョウェットはこれを次の如く訳している。『しかし正義は国家に於ける人間のつなぎである。何故なら正しいことの判定であるところの正義の支配はポリス的な社会に於ける秩序の原理であるから。』

七〇　Ethica Nicomachea, 1229 b 27-30, 1230 a 9.

七一　同前。1130 b 23.

七二　ブチャー『希臘天才の諸相』中「希臘の国家観念」の章参照。

七三　『礼記』、擬人必其倫。

七四　この用法は日本に於ても見受けられる。『十訓抄』、「不侮人倫事」の章参照。人倫は神祇に対せしめられ（国史大系本六八〇頁）、或は畜生に対せしめられる（同六二六頁）。「六畜は云々、いわんや心ある人倫をや。」

七五　『孟子』、内則父子外則君臣、人之大倫也。『公羊伝』、兄弟天倫也。

七六　『孟子』、使契為司徒、教以人倫、父子有親、君臣有義、夫婦有別、長幼有序、朋友有信。——倫が純粋に秩序を意味する例としては、『論語』、言中倫。

七七　ここではただ人間の多数性のみが問題とされ、その個別性と全体性とが視界を脱している。五倫に対して十倫をいう時にもほぼ同様である。——『礼記』、夫祭有十倫焉、見事鬼神之道焉、見君臣之義焉、見父子之倫焉、見貴践之等焉、見親疎之殺焉、見爵賞之施焉、見夫婦之別焉、見政事之均焉、見長幼之序焉、見上下之際焉、此之謂十倫。——貴践之等、政事之均、などに於て何程か人間の全体性への注意が示されているようにも見えるが、あまり明白ではない。

七八　『礼記』、楽者通倫理者也。なお、『朱子語録』、読史当観大倫理大機会大治乱之得失、という如き用法に於ても、倫理は歴史的に現われたる人間の道であって、道徳の原理ではない。

七九　『周書』、惟人万物霊。『列子』、下六三、有生之最霊者人也。

八〇　『荀子』、非相篇、六、人之所以為人者……以其有辨也。——辨は弁別である。理性の働きである。しかしまた辯に通ずるとも云われる。——『平家物語評判』、三ノ上、一五、穀梁伝曰、人の人たる所の者は言也。

八一　『日本書紀』、廿五（国史大系本四四二）、万物之内、人是最霊。

八二　一般に世人を意味する時には、それはすでに「世間」という程の意味にまでも用いられる。例えば「人聞きがわるい」とは世間を憚るのである。

八三　「われひと共に」という時には明かに自他であるが、「ひとのことに構うな」と云うような場合には、「他人のことにかかわるな」という意味と共に、「おれのことにかかわってくれるな」という意味をも持ち得る。

八四　独逸語のMenschはMannの形容詞形から出た語であるが、同じくMannから出たmanと截然区別せられる。英語の man も亦世人或は或人の意に用いられることがない。なお英語の man は独語の Mann と共に、男、夫、大人等の意味を持っているが、しかしそれによって man の語に男女関係、家族関係、部族関係等がふくまれているとは云えない。

八五　李白、別有天地非人間。ここでは別天地が人間と対せしめられる。明かに人間は人の世、人間社会である。——蘇軾、人間行路難。人間社会に於ける世渡りの難しさである。——人間万事塞翁馬。歴史的な人間社会に於ける出来事の予測し難い事をいう。

八六　『中阿含』、達梵行（大正蔵一、五九九頁）。これに阿修羅を加えたのが、六趣或は六道である。ここに餓鬼中、畜生中という如く、中字の存することに注意せられたい。巴利の経典では、nirayaloka, tiracchānaloka, pittivisayaloka, manussaloka, devaloka の五つ loka（世界）である。人間に当るのは manussaloka で、人の世界である。

八七　『妙法蓮華経』、法師品（大正蔵九、三〇頁下）、愍衆生故生此人間。譬喩品（同、一三頁上）、若生天上及在人間。

八八　『大鏡』（実頼）。わがする事を人間の人のほめあがむるだにきょうある事にてこそあれ（国史大系、一七、五〇八頁）。現行本には「人の」を省いてただ「人間の」としたのが多いが、これは人間が人の意に用いられ始めて後の加工であろう。

八九　『太平記』（一、頼員回忠）定めなきは人間の習い。——『平家』、人間のあだなる習い。

九〇　『太平記』（三、主上御没落、笠置）天上の五衰、人間の一炊。謡曲、「羽衣」、疑は人間にあり。——後者は疑という如き煩悩が人の社会の現象であって、天上の社会の現象でないことをいう。

九一　謡曲、「綾鼓」、世の中は人間万事塞翁が馬。

九二　狂言、「こんくわい」、狐の言葉として、「人間というものはあどないものじゃ。」——慶長八年（一六〇三）長崎吉利支丹版の『日葡辞典』には、Ninguen, genero humano とある。動物から区別された意味での人類である。
九三　なお適当な例としては、「七度人間に生る」という如き句を引くことが出来るであろう。これも背景は仏教の輪廻思想である。『経律異相』、二、一三。七生天上、七生人中、即ち七度「人の世界」に生れ来るのであって、「人として」生れるというのではない。しかも「人間に」生れるのは同時に「人として」生れるのである故に、人間に生れるという云い現わしが人として生れると同義に解されるのである。
九四　『上宮聖徳法王帝説』。天寿国繡帳銘文。
九五　『成唯識論述記』（大正蔵四三、二三七―二三八頁）。言世間者、可毀壊故、有対治故、隠真理故、名之為世、堕世中故名為世間。
九六　『妙法蓮華経』、譬喩品（大正蔵九、一三上）、則為一切世間之父……我為衆生之父。
九七　Rhys Davids-Stede, Pali-English Dictionary. Loka, visible world. この world を世界と訳することがすでに漢訳経典から出ているのである。
九八　同前。Space or sphere of creation.
九九　同前。regional meaning: sphere, plane, division, order.
一〇〇　畜生界、人間、天上などのロカの区別はかかる意味に於てである。見ゆる世界の意味に於ては畜生と人とは同じ世界にすんでいる。しかしそれらは各々異る世界を形成すると考えられているのである。
一〇一　前掲巴英字書。lujjati kho loko ti vuccati. —the specific Buddhist notion of impermanence.
一〇二　漢語の「世」は避世、遁世という如く世の中の意味にも用いられるが、その本来の意味は主として時間的である。

一〇三　世界という如き用法に於ては人は殆んど「世」の時間的な意義を忘れている。

一〇四　前掲巴英字書。Sometimes the term (loka) is applied collectively to the creatures inhabiting this or var. other worlds, thus, "man, mankind, people, beings."

一〇五　『荘子』、達生、「夫欲免為形者、莫如棄世」。『易』、乾卦文言、「遯世無悶」。

一〇六　陶潜詩、「林園無世情」。趙抃詩、「世態人情冷如水」。

一〇七　この種の例は無数にあげることが出来るであろう。世間に対して申訳がない。世間の口がうるさい。世間が承知せぬ。世間を憚る。或は金の世の中。世の中の移り変り。世の中の見きく事どもをきこえあわせん（大鏡）。世の中うちしずまる程に（水鏡）等々。

一〇八　社会という言葉は昔からあるにはあった。『近思録』、郷民為社会、という如きである。しかしこれをsocietyに当る言葉として広く用い始めたのは明治初年福地源一郎であったと云われている。

一〇九　『栄華物語』の初頭に、「よの中、あめの下めでたきためしにひきたてまつるなれ」とある（国史大系本による）。世の中を天の下或は天下と同義に用いるのは、この後一層顕著になる。しかし又逆に天下を取るとか三日天下とかいう如く天下という言葉が社会の意味に転じてもいる。

一一〇　漢語の離や間もまたこの二重の意味を持っている。離はつくであると共にはなるであり、間は隔・別であると共に厠・雑である（小島祐馬氏、「支那文字の訓詁に於ける矛盾の統一」。『朝永博士紀念論文集』）。

一一一　ハイデッガーは（Sein und Zeit, S. 53 ff.）In-SeinとSein in……とを区別し、後者が空間的に中にあること、前者が自覚存在的に存在すること、即ち世界・内・存在の本質的な構造であるとする。然しそのIn-Seinは個人的なDaseinと周囲の世界との交渉であって、人と人との交渉を意味しない。従ってこのIn-Seinとここにいう「中」とは全然意味を異にする。同様にまた世界・内・存在と世の中とも意義を異にする。

一一二　Heidegger, Sein und Zeit, S. 41 ff. Die Jemeinigkeit. —Fichte, Die Bestimmung des Gelehrten, Werke (Philos. Bibl.), VI, 293 ff. フィヒテは出発点に於て純粋我を孤立させて考察する。しかもそれは社会から孤立させるのであって、自然からではない。

一一三　『源氏物語』等に於ては、世の中は直ちに男女のなかである。これは特に恋愛の視点から人の社会を見るという一つの特殊な人生観を示しているのではあるが、しかし世のなかのなかが男女のなかのなかと同じ意味のなかであることは、それによって明白に示されていると思う。

一一四　我が有に帰すという如き用法が明白にそれを示して居る。ギリシア語の ousia も亦所有物を意味する。有る所のものは有《も》つところのものである。

一一五　有形の物は形ある物であると共に形を有つ物であるが、しかしこのような場合には人間が有つという働きを物に移して用いたのである。物を者と見たのである。例えば石が角を有つとは、石を擬人化した表現である。

一一六　Heidegger, Sein und Zeit, S. 5 参照。

一一七　Descartes, Meditationen über die Grundlagen der Philosophie, übers. von Buchenau, S. 9-25.

一一八　例えば読者がこの著を読むのは著者と問を共にするのである。この関係はすでに一つの人間関係であって、ここに問われているものに他ならぬ。

一一九　Dilthey, Schriften, Bd. VII, S. 191 参照。「知る主体がその対象と同一である」。

一二〇　カントが認識主観を超越論的人格性と呼ぶと同時に、またこれをそれ自身に於けるもの（Ding an sich）としたことは、ここに云う如き意味に於て意義深い考であると思われる。レーニンがカントのそれ自身に於けるものを唯物史観の立場に於ける「物」と同視しつつ、ただカントがこの物を充分物質主義的に把捉していないと云ったことには、是認せらるべき見解が含まれていると思う。

一二一　Dilthey, Schriften, Bd. VII, S. 207.

一二二　同前、一四一頁。

一二三　同前、二〇八―二一〇頁。

一二四　山田孝雄氏、『日本文法論』、三三五頁、三三六頁、三四一頁、三四三頁。『日本文法要論』（岩波講座）、一五頁、五九頁。『日本文法講義』。

一二五　A. Görland, Ethik als Kritik der Weltgeschichte, 1914.

一二六　これは近代に於ける生の哲学の特徴である。『生には、その最初の範疇的規定として、他のあらゆる範疇の根柢となるところの、時間性が含まれている。』（ディルタイ全集、第七巻、一九二頁。）

一二七　M. Heidegger, Sein und Zeit, S. 15-17.

一二八　同前、七―一二頁。――ハイデッガーはここに現有の『有』が同時に『有の理解』であることを力説するが、この点に関してミッシュは『有の理解』が人間的存在に特有な知（Wissen）であり、従って人間存在の内に已れを現わす『有』と区別せらるべきこと、両者の結合が弁証法的に把捉せらるべきであるに拘わらず、ハイデッガーはただ前提的にこの結合を予想していることを指摘している。Misch, Lebensphilosophie und Phänomenologie, Philosophischer Anzeiger, III. Jg. III. Heft, S. 275.（この論文は既に単行本としても出版されている。）

一二九　Sein und Zeit, S. 13.

一三〇　同前、一三―一五頁。

一三一　ミッシュは前掲書に於て、この点をハイデッガーに対する第一の疑問として挙げている。ハイデッガーの現有の存在論的分析は生の哲学である。人間存在の内的・動的構造を体系的に把捉するのである。彼はこれを人間存在の解釈から遂行して、倫理的形而上学的な生の理想を取り出した。しかしこれはハイデッガーの哲学的研究の目標なのではない。人間存在の解釈はただ有の問題のための準備である。目標は基礎有論に他ならない。しかし『生の哲学』的に始めながらしかも有論を目標とするのは何を意味するであろうか。この点を捕えてミッシュはハイデッガーの哲学の内部の継目に切り込んで行くのである。前掲書、二七一—二七四頁。

一三二　Sein und Zeit. S. 17.

一三三　同前、一一七—一二〇頁。

一三四　同前、一一九頁、一二四頁。

一三五　全集、第七巻、二〇六—二〇七頁。

一三六　マルクスの有名なテーゼに於ては人間の gesellschaftliches Sein という語が用いられている。Sein はこの章に於ては存在と区別して『有』と訳して来た。しかしここに人間の社会的なる Sein と云われるものはまさに我々の『存在』と呼ぶものに当るのである。何故ならそれは、歴史的・社会的な動的の Sein であって、Sein という語でよりもむしろ Leben という語で適切に云い現わされるものに他ならぬからである。マルクス自身も materielles Leben という云い現わしを用いている。

一三七　K. Marx, Zur Kritik der politischen Ökonomie, hrg. von Kautsky, S. xxxvi.

一三八　同前、緒論、三七頁。

一三九　同前、緒論、四五頁。

一四〇　Kant, K. d. p. V., Cassirer Ausgabe, S. 132. 波多野〔精一〕・宮本〔和吉〕訳、『実践理性批判』二八七頁。

一四一　Grundlegung z. M. d. S., S. 83, 119. 安倍〔能成〕・藤原〔正〕訳、『道徳哲学原論』一〇七、一

五二頁。

一四二　August Boeckh, Encyklopädie und Methodologie der philologischen Wissenschaften, S. 10 ff.

一四三　同前、七五頁以下。

一四四　同前、七九—八〇頁。

一四五　Dilthey, Schriften, V, S. 317 ff.（Die Entstehung der Hermeneutik.）—VIII, S. 93 ff.

一四六　同前、第五巻、三一八頁以下。第七巻、二二六頁以下。

一四七　同前、第五巻、序文、五八頁。

一四八　この箇所に述べたところは、M. Beck, Der phänomenologische Idealismus, die phänomenologische Methode und die Hermeneutik.（Philosophische Hefte, 11. Jg, Heft 2）の意見とほぼ一致している。

一四九　『有と時間』、二二八—二三一頁。

一五〇　同前、三五—三六頁。

一五一　G. Misch, Lebensphilosophie und Phänomenologie. Philosophischer Anzeiger, III. Jg, III. Heft, S. 37 ff.　なおこの点については、M. Beck, Hermeneutik und philosophia perennis.（Philosophische Hefte, II. Jg, Heft 1）にも見るべき意見がある。

一五二　Grundprobleme der Phänomenologie.　一九二七年夏学期の講義。伊藤猷典氏所持の速記本による。

一五三　Lévy-Bruhl, La morale et la science des moeurs.（Ethics and Moral Science, trl. by E. Lee.）フランス学会編『科学研究法』中に著者自身の手になるこの書の梗概の飜訳あり。

実存と虚無と頽廃

和辻哲郎・務台理作・高坂正顕・西谷啓治

「実存」ということ

高坂　虚無主義《ニヒリズム》という言葉が嘗て流行したのは、たしか十九世紀の六〇年代から七〇年代位にかけてのロシアのインテリゲンチアの間でのことで、例えばツルゲーネフの「父と子」のバザロフなどが、それの典型とされていたかと思いますが、ところが、バザロフには、はっきりとした理論がある。彼は、人生には何ら尊敬するに足るものはない、価値あるものはない、従って昔からの権威ある伝統の如きものはなく、また社会の制度や組織も当然否定さるべきだとする。このバザロフはもと医学を研究した青年なのですが、彼は自然科学的な考え方、特にヘーゲル左派に由来する唯物論の系統を根柢にして、そのような唯物論の立場から、あらゆる目的や価値や権威を否定するわけです。その点かつてのロシアの虚無主義には非常に強い生活態度がある、あらゆるものに対して批判的な態度をとるという、非常にはっきりした、或る意味でいえば積極的な否定的態度があり、論理的根拠がある。

ところが現在の我国でニヒリズムといわれるものは、それとは違うのじゃないか。それは虚無主義というよりはむしろ単なる虚無感、または虚脱感にすぎないものであり、理論的根拠は稀薄で、単に情緒的であり、また価値や理想を否定すべきだというほど積極的な態度ではなくて、却って価値や理想を見出し得ない無力さにもとづく消極的な態度のようにも思われるのです。しかしそのように云ってしまうのはまだ見方が不充分なので、更に深く考えれば、案外そんなところにも西洋の虚無と東洋の無との相違にもとづく点があるのかもしれない。私がお伺いしたく思う一つは、現在の我国の虚無主義は、単に一時的の虚無感、むしろ虚脱感に由来するものなのか、或いはもっと深いものに触れてゆく入口、発端であるのか、という疑問なのですが。

それからまた実存主義ということも、現在一種の流行を来しているのですが、その把握がずい分ぼんやりとしていて頼りない。虚無や頽廃の問題と関係して、もっと深く掘り下げられなければならないのではないか。また虚無主義や実存主義には、無視できない意味は確かにあるとは思うのですが、しかし決してこれが最後の立場であるとは思えない。そんな点もお伺いしたいのですが、和辻先生、いかがでしょう。

和辻　齢の順で務台さんよりも先にお答えするわけですかね。

高坂　特に我国で一番早くキェルケゴールやニーチェを問題とされたのは和辻先生ですし……。

和辻　今日この会へ出ましたのは、諸君にお目にかかりたいというのが主な動機で、話の方は………（笑声）、しかし諸君と会えば学問上の議論をするということは、座談会でなくてもやっていることなんだから、これはまあ止むを得ないことかもしれない。しかし、この「座談会」というものなんだが、これは日本独特の現象でしょう。これは、ハイデッガーのエキジステンツ Existenz の立場からだと、どういうことになりますか。一種の「お喋舌り《ゲレーデ》」(Gerede) ——即ち存在の胡魔化しにはなりはしませんか。

高坂　ヤスパースでいえば、実存相互のコンミユニカチオーン Kommunikation (伝達) ということになりはしませんか。

和辻　コンミユニカチオーンということになれば大変結構です。ところで僕は、今問題に出された「実存」だの「虚無」だのについて、いま雑誌などに書かれている議論を殆ど読んでいないのですがね。

高坂　雑誌などに書かれていることでなくて、「実存」や「虚無」の本当に問題になる点をお話しいただいたら……。

和辻　しかしその肝腎の「実存」なのですがね。どうもその言葉からして僕には気になるのです。僕はエキジステンツは前から「存在」と訳しているのですが、しかし今は「実存」の方が圧倒的に流行っています。ところでこの「実存」という言葉は、これまでの日本語にはなかった言葉でしょう。それを特にハイデッガーだの、ヤスパースだのの用いたエキジステンツという概念を現わすために新しく作ったのでしょう。しかし元来、エキジステンツという言葉は古くから哲学の中では用いられている言葉で、ハイデッガーやヤスパースの用いた概念だけを現わすというわけではない。同じ言葉で異った概念を現わしている哲学者もあるし、またそういう用法自体が哲学史的な背景を持っているともいえる。

ところが「実存」という日本語を使うと、そういう生きた背景が少しもない。ほかへ使うことも出来ない。「存在」と訳せば少しはいいでしょう。この言葉は広く使われています。元来、「存在」をただザイン Sein の訳語に使うのは間違いだと思うのです。ザインはあくまでも「ある」で、これが「がある」と「である」との両面を含んでいるところにいろいろな問題がある。しかるに日本語の「存在」という言葉は「である」の意味を全然持たない、即ち繫辞になり得ないのです。その代り「存」には時間的、「在」には場所的な意味がある。そういう含蓄をもった言葉です。だからハイデッガー風のエキジステンツの概念を現わすにはまことに都合のいい言葉で、それを生かせて使ったらどうかと思うのです。そこで第一に「実存」という言葉を使うことが、私は不賛成なのです。

第二に、その「存在」にしても、ハイデッガーの存在は個人的な存在でしょう。そういう個人的な存在だけでは人間存在にならない。存在に時間的な含蓄があるという点は、ハイデッガーで十分展開せられていますが、場所的な含蓄があるという点は未だ展開されていない。ハイデッガーも少しは触れているが、しかし人と人との間という意味の場所的な意味は、殆んど取り上げられていない。それを入れて来なければ、人間が生きているという、この存在を捉えたことにならない。コンミユニカチオーンが出て来なくてはならないのは、その方面からだと思うが、ヤスパースではそうなっていない。だからそういったような意味で、「存在」の概念を使うとハイデッガーやヤスパースとはすぐ手を分たなくてはならない、ということにもなる。それでなければ人間の「存在」は摑めないじゃないか、個人存在だけじゃどうにも解決のしようがないだろうということになる。コンミユニカチオーンが出て来るような場面をもっと突込んで、いろいろな方面に展開してゆかなくてはならない。座談会だってそれはピンからキリまであるでしょうが、真面目になってやれば存在の一つの場面にすることが出来る。存在の真相を胡魔化すために、こうして集まって勝手なことを言い合うわけでもないし、また自己の単独性を悟る媒介としてこういう集まりを催しているわけでもない。単独性の問題にしたって、こうして集まって共同の問題として論じ合うとすれば、単独でない共同の解決を目指しているといえるでしょう。そういう主体的な聯関は、やはり存在の場面だと思うのです。

若し日本独特のこの「座談会」というものがハイデッガーのいう「世間のひと《マン》」(man)の立場に落ち込んでいるのだとすれば、そうでない真面目に人格と人格とが対立、抗争、合一の聯関を展開するような座談会を作り出さなくてはいけない。私の印象からいうと、諸君がそれをやりはじめたんですね。諸君が京都で西田先生や、田辺君のところへ集まって、雑談などしないで議論ばかりしていた。あの習慣が自ら座談会にも現われて、ギリシア風の対話会になっていったのですね。そうなると学問的にも意味があるし、非常にいいことだと思うのです。しかし、どうも話が実存の問題とはなれてしまいましたね。

高坂　いや、それで結構なんです。

和辻　そういうふうに、日常の生活でも、皆が真剣になってぶつかり合うというようになれば、いま言われたような、張合いのない気持だとか、虚脱状態だとか、虚無的な気持だとかいうようなことも少し変って来るのではないでしょうか。そういう人でも真剣になって自分の親兄弟の心配をするとか、恋人が出来るとか、革命運動に加わるとか、なんとかすれば、それで張合いが出て来るのではないでしょうか。もしそういう風に、人とのかかわり合いで充たせるものが充たせないから虚無的な気持になっているというのならば、その無は、有無相対の無であって、本当の「無」には突き当っていない。

無について

和辻　ところでこの無の問題になると、西洋と東洋とでは大分意味が違うと思いますがどうでしょう。仏教では絶対無、即ち空を根本の問題にしていますが、あの空は虚無主義などの場合の無の概念の中にほうり込んでしまって片の付くものじゃない。あれは裏返しにすると「慈悲」になるものです。だから人と人との間の差別と無差別というような、人間の関わり合いの根柢になる問題ですね。実際に空の立場に行き着けば、非常な大慈悲が、そこから湧き出して来る。そういう無を、何か非常に恐ろしい、そこへ落ち込めば永久に救われないとでもいうような非価値の深淵としての無と、一緒にしてしまうのは非常な間違いだと思いますね。虚無主義を問題にする場合には、そういう意味の無は、あまり顧みられていないのですね。

高坂　それは無が単に気分的に感ぜられるだけで無を本当に見ていない、むしろ無を回避しているというところから起って来ているのだと思うのですけれど……。

和辻　しかし、西洋で実存哲学といわれているものに屈着《くっつ》いてくる無は、西洋の伝統にある無ですね。そういう無が出てくるのは、根柢に人格神があるからでしょう。ペルゾーン・デア・ペルゾーネンといわれるような神ですね。そういう人格神が絶対者とされ、そこからあらゆる価値が出て来るのですから、そういう価値を認めないツルゲーネフのバザロフのような立場は、結局絶対的に価値のあるものに対立している無になりますね。あらゆる価値をなくした無、非常に怖ろしい無ですね。ハイデッガーに出てくる無でも、それに近いものでしょう。ところが西洋にも、西谷君が熱心に取り扱っていられるように、そうでない無がある。あれはどうして出て来たのですか。人格神の立場で、ああいう無が押し出されて来るというのは、どういう関係からですか。

高坂　ちょっと言葉を挟みますがね、無の問題だけじゃなくて、実はいま和辻先生の仰言《おっしゃ》った実存という言葉の問題についても、責任のすべてとはいえなくても、かなりの責任が西谷君にあるのです。

西谷　さあどうかねえ、そういわれると言わざるを得ないことになるんですが……。実は昔、学校を出て間もなくの頃ですが、シェリングの『人間的自由の本質』を訳したんです。あの本の中にエキジステンツという言葉が出て来て、それがかなり重要な概念になっている。その外にザインとかダーザインとか——これは存在とか現存在とか訳しました。また実在という言葉は、レアリテートというシェリングの術語があって、それに当てたわけです。そこで、エキジステンツを何とか別な言葉で訳さなければいけないことになったんですが、既成の言葉にはどうも外に思いつくものがない。それで止むを得ず「実存」という言葉を自分で作ったわけです。それを九鬼周造先生が見られたのか、或いは偶然の暗合なのか、ハイデッガーのエキジステンツの訳として使われた。それが現在流行になっている「実存」です。勿論シェリングの場合には今の実存哲学の場合のような特殊な意義は含まれていませんが、ただ思想史的には幾分連関があるので、最近あの飜訳の新版を出した時にも、実存という訳語はそのままにして置きました。

欧羅巴《ヨーロッパ》のニヒリズムと日本の虚無

西谷　いま和辻先生の言われたことですが、どうも、現在の日本の虚無的な気分というものは、本来の意味の虚無主義とは非常に違ったものだと思います。現在の日本の場合には、生きてゆく目当てになるものを何も見出し得ないという気分、大きく言うと、人生の意義というか、自分の人生というものを据えるべき一番根本の基礎がはっきり摑めない、ということだと思います。或いは一歩進んで、そういう虚無的な気分の上に居据ろうとする態度、そういう態度もやはり気分から出た気分的な態度になっている。ニル・アドミラリも日本ではやはり気分という以上に出ない。そして気分をそのまま態度化したというだけのものだから、自然とポーズ化してゆく。ところが、そういう種類の気分ならば、これは社会的・歴史的な状況が大きく変動するという場合には昔からよく起ったことじゃないか、例えば西洋の古代末期だとか日本の平安朝末期だとか、その他いろいろ例があるかと思います。

ところが本来の意味のニヒリズム、例えばニーチェなんかで自覚的にされて来たニヒリズムというものは、根本的には、彼の所謂「神が死んだ」というような事態から、つまりキリスト教との根本的な対決という歴史的過程を背景にして、出て来ているのですから、そこに非常な違いがあると思うのです。普通の虚無的な気分というようなものは、単に気分というような表層を越えて人生とか自己とかいうものを突込んで問題にしてゆけば、一応宗教というものによって克服されるもので、キリスト教が出現した時も、古代末期の虚無的な気分を克服して、生きる拠り所を新しく与えるものとして出現したといえる。つまり虚無的な気分の源は、ツエアシュトロイトな（散乱した）、統一のない生き方ということですけれども、宗教は一応そういう散乱した生《レーベン》に統一を与える。自然や歴史や人生のあらゆる面を一の全体性に統一するような中心点――西洋では神というものになりますが――そういう絶対的な中心が立てられて、そういう絶対的なものとの繫がりにおいて始めて、人生の意義というものが確立されて来る。西洋ではキリスト教、しかもギリシアの哲学を摂取したキリスト教が、その役割を果して来たわけです。それが近世に入り、特に十九世紀の中頃になって、そういう役割を、急激に失って来た。そしてそれの自覚からニヒリズムというものが出て来たと思うのです。そこでそのニヒリズムは、非常につきつめた、つまりメタフィジカルな背景をもったものだと思われるのですが、ところが日本の場合は、そういう宗教の立場、普通の虚無的な気分を克服した宗教の立場というものとの対決から生ずるニヒリズムじゃない。つまり西洋の場合は一段高い次元の虚無というものであるのですが、日本の場合には、それ以前のものじゃないか。そこに非常な違いがあるように思うのです。

それからまた和辻先生のいわれた、現在の「虚無」とは違った「無」、エックハルトなどのいう「無」のことですが、あれは西洋中世の末期近くに、人間の主体的自由というものの自覚が起って、そこから来ているので、その点ニーチェなどの場合と似通った背景を持っているように思います。しかし中世ですから、方向は全く逆なんで、ニーチェのように、神というものを立てる立場から反逆する、「神は死んだ」と立言するというのではなくて、いわば、主体的自由というものを提げて神の中へ入って行く。そして神の人格性を突き抜けた所に神の本質を、つまり「神性《ゴットハイト》」を、無として自覚するという立場です。そういう点で、私は東洋的な空というものと何処か通ずるところがあると……。

神と無と

和辻　その問題なんですがね、どうしてああいう考えが出て来たのですか。空と通ずるところのあるゴットハイトというような考えが。

西谷　それは大体こうじゃないかと思うんですが。西洋中世の思想的伝統は大体アウグスチヌスで基礎付けられ、そのアウグスチヌスではプラトニズムが骨組になっていたわけですが、ところが十一世紀末から十二世紀にかけて、アリストテレスの思想がアラビヤのアヴェロエスの解釈を通して入って来た。その影響を受けて西洋でも、アヴェロエス主義というのが、教会の信仰に反抗する自由思想として盛んになって来た。他方それを克服するためにアルベルツスやトーマスなども出て来たわけですけれども、そういう学者の思想とは別個に、当時のドイツの民衆の間に、自由な立場での信仰運動というものが非常に盛んだったので、例えば「自由精神の兄弟団」などというのがあるわけですが。エックハルトなどもそういう運動と結びついているので、従って自由ということが根本の問題になる。神との関係ということにおいても、普通の信仰のように絶対に超越的な、主体としての神とそれに対する服従という立場だけに止まっていては、どうしても自由というものが徹底的に生かされないという気持があったのじゃないかと思います。そしてそこからトーマスなどの大きな理性の体系を通してしかもそれを突き抜けたところに自由の立場を求めるというような努力が起り、その結果、人格的な神というものをも突破した、本当の神の本質としての神的な「無」という体験が現われたんだろうと思います。だから結局その「無」も、自由の精神というものと深く結び付いているようです。

和辻　では、こういうふうに考えられますか。神を人格と考えるということは、神を主体として把握することだと思いますが、その主体が自分に対立して、向うにあって、それが絶対の権力なり命令権をもっているということになると、こっちには自由がない。それぱかりでなく、自分に対立する絶対無ということになると、いきなり矛盾の統一と云ってしまえばそれ迄かもしれないが、合理的に考えようとすれば、絶対無として徹底しない。そこでその主体的な絶対無をあくまでも摑まえようということになると、旧約にあるようなはっきりした人格の姿はいうまでもなく、あらゆる限定をもたない主体——無限定の主体というか、とにかく一つでも限定があれば絶対無ではなくなってしまう。自分に対立するということは、非常な限定だから、そういうことも捨ててしまう——そういうふうにしてあらゆる限定をなくした絶対的主体というものを追っかけて行けば、神聖な無になるほかはない。そういうふうにして出て来たものだとすれば空と同じことになって来る。空というものもそういう主体的な絶対じゃないかと思うのですがね。主体的な絶対無を出来るだけ合理的に、理性の立場を失わずに追っかけて行けば、そういう全然限定のない無に帰着するということは、これは相当生かしていい立場になるのではないでしょうか。

西谷　それは私もそう思います。理性を回避せずに、理性の方向に脱胎的に理性を超えるという立場として……。エックハルトの立場は現在いわれるような意味での神との対決ということじゃないかもしれませんが……。

和辻　神と対決するというよりも、一層完全な絶対無を求めるというか……。

西谷　ただ併し、自由といわれるところに、やはり別の意味で神との対決ということが含まれているんだと思います。その対決を通して始めて人間が自分の中に深淵《アプグルント》――或いは「際涯のない《グレンツェンロース》」という言葉を使っていますが――を開く、果てしないものを自分の中に自覚する、ということですね。そのことが同時に神の、人格的な神というものの、根柢にある「際涯なきもの」と一つになることだ、という立場です。

和辻　深淵《アプグルント》として感ずるというのは、やはり人格神というものを前において考えるからではないのですか。もっともその人格神の根柢にあるということになると、その深淵《アプグルント》は、何か怖ろしげなるものではないかも知れぬが……。

西谷　そのアプグルントが自分自身になる、グレンツェンロースな（際涯のない）ものが真の自分だ、というのです。

和辻　では、怖いものではないわけですね。

西谷　それが自分だというのですから……。

和辻　アプグルントというと、深淵だか、奈落だか、とにかく落っこちると大変な、恐しい所だと思うが、そうではなく、そこへ達すれば、あらゆる悩みの解決がつくようなところですか。

西谷　時には「沙漠」とも表現しています。沙漠というと非常に……。

和辻　恐ろしいところですね。仏教の空の場合には、そこは涅槃か、極楽か、何かになるのですがね。深淵というような怖ろしげな表現を使うのは、やはり人格神の威力ではないでしょうか。

西谷　沙漠というと幾分すっきりした、せいせいしたところもあるのかもしれません。例えば秋天曠野行人絶というような。併しもちろん仏教とは何処か違った気分ではありますが。

和辻　そういう威力をもっている人格神の問題ですが。一体、どうして神を人格として把捉するようになったのでしょうか。どの宗教もそうだとは限らないのですからね。

務台　歴史的にみると神というものは非常に低級な動物的、人間的な神から、人格的な高級な神になって来るのでしょうが、歴史的にいえば結局神は、その神を信じているその時の人間の生活と密接な対応をもっているわけで、人間の生活が進んでゆくとそれに応じて神の性格も進んでゆくというふうに、神々もまた歴史に規定され進化したり脱落したりしてゆくものと思うのです。神は人間を超越するといっても、やはりどこまでも人間が自分の手で作ったものだと思うのです、人間が神に造られるのでなくて、人間が神を造る、これが歴史的に見る神の見方の基調をなしているのだと思います。ところで人間が神を作ってきたのにも拘わらず、その神を作るという人間の働きを知らないで、反対に人間が神によって作られると信じて疑わない時に、人間に対する神の働きというものは最も暴力的になって人間に押しせまってくるものではないだろうか。どのような神でも人間の手で作られるのだが、そのことに全く無知でいるものに対して、神はその力を暴君的にふるうことになる。ところが段々人智が進んで来るといろいろな形で人間が神を作るのだということが判って来るのじゃないか。そうして人間が作るということが判る程度につれて、神の暴力的な威力がだんだんと弱くなってくる。そういうプロセスの揚句として暴力的な神は死んで行くと思うのです。が人格神というのは人格神である限り、最も深く人間の存在を投影しているわけで、そういう人格神をつくるはたらきは普通の我々の人格をそのことが判ることによって超えるように感ぜられてくる。却って神性というものが、だんだん深くなって行く。つまり神と人間が人間の存在の一番深いところにおいて結び付くことになるというように思うのです。

問題は人間が神を作るといってもその作り方にいろいろな程度があるので、人格神といってもやはり人間が人間の歴史の中でつくるものにほかならないが、それは人間の存在の一番深いところで行われるので、信仰においては逆に人間が神によって作られたというようになると思うのです。このように人間が神を作るというときに、全存在をかけて作るということが重要になる。神を作るには自己の全存在をそれにかけなければならなくなる。しかし信仰においては、自分が作るということが超えられて自分の全存在が神に要求されている、自分の存在は神の前にはゼロにも近いものだと感ぜられる。

それでニヒリズムの立場と神への信仰との間には大へん近いものがある。ニヒリズムは神を信ずるものが神の中へ自己の全存在を投げ入れるように、虚無の中へ自己の存在を投げ入れようとするものだと思う。

絶望と虚無

西谷　そうですね、そこは難しい問題だと思うのですが、一方では今のニヒリズムというものが起って来るもとに、いま務台さんのいわれたようなことがあると思います。例えばニーチェにしてもそうで、彼に言わせればキリスト教は絶対的な神を中心にして、プラトニズムのイデア的世界というような思想をとり入れ、超感性的な真実在の世界というものを立てた。その彼岸の世界ニーチェの所謂「背後世界《ヒンターウェルト》」へ帰るということで、人間の此の世の生に方向と拠り所とを与えたわけです。ところがそういう此の世とは別に存在する真実の世界というのは、実は人間によって仮構《フィンキーレン》された世界だというのです。根本の立場は違うが、似たような考えはフォイエルバッハの宗教批判にも現われている。あの時分に、そういうような感じが非常に強くなって来たようです。そしてそういうふうに、今まで人間に絶対的な拠り所を与えて来た神の世界というものが仮構だということになって、そこに絶対の虚無という立場が当然出て来たのだと思うのです。

ところでそれはニーチエなんかの方向ですが、問題になるのは、他方のキェルケゴールのような立場だろうと思いますね。あの時代に、今までの哲学の決着点だと思われたヘーゲルの精神《ガイスト》の哲学が、一応崩れたことになった。殊にヘーゲルのキリスト教解釈は、思想の立場としては比類のない高いものですが、それもいかんということになった。それはニーチェの場合の「背後世界」に対する不信と相似た境位で、そこにはやはり虚無というものが現われて来る。キェルケゴールでは「絶望」ということになりましょうが、而《しか》もそういう絶望に陥《おとしい》れられたという場合でも、キェルケゴールではなおそこから、務台さんが今いわれた言葉なら、自分の全存在をかけて神に結び付く、という方向が出て来る。そういう場合には、寧ろ自分が全く虚無になり、その代り神が絶対の人格だ、ということだと思います。

ところでそういう人間と神との関係では、人間が自分を理想化して投射したような神というのではなしに、逆に神が本当の人格なんだ、それに対して人間は、神との関わりにおいて始めて或る人格性というものを自分に自覚し得るのだ、という立場になる。人格というものが考えられる基礎は神の方にある。そして人間の人格性は、彼のいわゆる人格性というものが否定された所から、従って逆説的に神との関係のうちで成り立って来るということになる。それは恐らく虚無ということをニーチェと正反対の方向へ解決して行く立場だといえると思いますが、そこに非常に難しい問題があるのじゃないでしょうか。

務台　人間がその時における自己の全存在をかけて神を作るというのは、歴史的にみればもうそれ以外の神はその場合には作れなかったのだということになる。キリスト教の神だって、仏教の仏だって、歴史的に見れば、みんな人間の歴史的世界の中で作られて来たもので、これから将来どういう形でつくりかえられてゆくものか、それは現在ではわからない。ただわかることは、人間が自分がつくったんだということを知らずにいるときに、それは最も暴力的な神となること、そしてそれがわかるにつれて暴力的な神は次第に死んでゆくということ、そしてまた人格的な神がそれに代ってくるが、その人格的なものの裏にはその全力をつくしきるという超越的なものがあるということ、これは歴史的な見方の原則だと思います。歴史的な見方はどこまでも相対的になる。しかしこの「全存在をかける」ということが歴史的な見方で十分に説かれるかどうか、全存在をかけるということは主体性を持つということだろうと思うのですが、主体性を持つということは例えば実存とか、虚無とかいうことと、非常に深い関係があるものだと思うのです。この実存や虚無の意味を明らかにするというには、やはり歴史的な見方だけじゃいけないと思う。全存在をかけるはたらきの自覚とか、その分析というようなことは歴史的な見方でつくすことのできないものじゃないか。

無常ということ

務台　それで神の「場所」とか、人間の「場所」というようなものは、歴史的な見方と主体的な見方の両方の交わるところにある。歴史の方から見てゆくと、人間の手でつくられた一切のものは、みんな歴史によって超えられてゆくものだ、やがては歴史の中でつくりかえられる。ところが主体性の方から見てゆくとそういうものとの対決にせまられる。それは人間が歴史的につくり上げたものかもしれないが、しかしそういうものとの対決をしなければならない。そういうことから虚無というものが起ると思うのです。

虚無というものは東洋では、仏教などでは流転とか無常とかいう言葉が一番よく当っているかと思いますが、この流転とか無常などという東洋的な虚無は、歴史の中で見付け出すわけではないし、また我々の内省に現われてくるものではなくて、何か我々を超えたものの前でぶっつかるものなんじゃないでしょうか、歴史は虚無でも無常でもない、ただ我々が歴史の中で人間のつくったものを、そうとは知らずに主体的にそれと対決しなければならなくなるというときに虚無や無常を感ずるのだと思う。虚無の理解というか自覚というか、そういうものは歴史的な見方だけでは判らないものなんじゃないか。それで虚無の理解というものについてニヒリズムのようなものも出て来るし、空のようなものも出て来るし、無常とか流転というものも出てくるが、それは主体的な対決によって見付け出すものだと思うのです。仏教の空は普通にいう虚無と同じものではない。空とはその対決で向うへ突き抜けてしまったもので、虚無は空よりも手前にあるものだと思うのです。西谷君がさっきいわれたように手前にあるものじゃないだろうか。

和辻 いま務台君が普通にいわれている虚無というのは、仏教の言葉でいえば無常だ、といわれましたが、これは如何にも尤もだと思います。それならば私にもよく判るのです。それからいま務台君がいわれたように歴史的な考察と、理論的な追求とをはっきり分けて考えるとしますと、歴史的な既成宗教から色々なものを借りて来ないで、端的に全存在をかけて、存在の根柢を追求する、そういう理論的な立場だけで、絶対者を摑まえるという努力をしたらどんなものでしょう。

務台 全存在をかけて主体的に追求するというのはただ理論的に追求するというのとはちがうと思います。

和辻　人格神は何といっても啓示に根差している。だから哲学はそれを既成宗教から受取っている。それを他から受取らないで、あらゆる既成宗教から離れて、ただ存在の把捉なり、分析なりの立場だけで、絶対者を追っかける。それをやったらどんなものでしょうか。そうしないと、何かしら背後にある啓示にぶつかることになる。啓示はそれを受けた人の立場では非常に確実なもので、批判を許さないのですから、哲学がそれを無意識にでも受取っていれば、究極のところで宗派的な対立に落ちこんでしまう。だからそれを切り離してしまって、ただ哲学の立場だけで追っかけたらどうなるか。教会が抑えていた間は出来なかったが、今なら出来るのです。これまではそれをやるつもりになっても、いつもどこかから借りて来た。いま仰しゃられた歴史との混乱が出来て来た。今なら借りて来ないでもやることが出来るのじゃないでしょうか。勿論、それをやったところで、信仰の足しにはならないかもしれないが。

高坂　しかし、一般にはそれは単なる哲学だというでしょうね。それでもいいわけなんですが、しかしそれが果して救いになるかどうかという……。

和辻　救いにはならないかもしれない。救いには爾光尊《じこうそん》でも、踊る宗教でも間に合うのですからね。信仰ということになると、どれがいけないということはいえない。

西谷　僕はキェルケゴールは別としても、広い意味の実存主義というものは、やはり今和辻先生のいわれたような動機をもっていると思います。が同時に、そこからやはり何か救いになるものを――救いという意味は従来とは違うかも知れませんが――摑もうとしているように感じられます。ニーチェにもそういう意味があるのではないでしょうか。一体ニーチェのニヒリズムとか権力意志とかいうものは、根本のところではどういう性格のものですかね。

和辻　それは、君のいわれる意味では救いになるでしょう。信仰による救いではありませんが。信仰とは別に、哲学がそういうさとりを目指してもいいのじゃないでしょうか。

高坂　私も哲学と宗教とは区別すべきだと思うのです。尤もそこに私自身にも多少問題はあるのですが、とにかくその点からニーチェのニヒリズムにも同感が持てる気持がするのです。ニーチェがニヒリズムを説くのには二つの段階がある。第一は神の否定、最初人間は神を作り、それを信じ、そこに救いを求めていた、しかしそういう神は死んでしまった。もうそういう行き方は出来なくなった、それが第一の段階です。第二は理性の否定、今まで人間は理性を信じそれに絶対性を与えていた。ところが理性も、実は意志の所産であり、意志の手段である。してみれば理性にも絶対性を認めることはできない。これが第二の段階で、つまり、神も理性もその真相を暴露され、その絶対性が否定されるというところから、ヨーロッパのニヒリズムが生じて来たという訳なのです。

しかもそれがニヒリズムになるというのには、また理由がある。一つは神にせよ、理性にせよ、それが否定されるということによって、人生の目標が見失われたということ、それが一つ。それからまた同じ理由で存在の全体が纏まりを失ったということ、つまり存在の統一《アインハイト》なり体系《ジステーム》が破壊されたということ、これが一つ。またもう一つは存在の真実性《ワールハイト》が疑われたということ。つまりこういった三つの理由からニーチェはヨーロッパのニヒリズムを導き出しているわけですが、それはそれでよいのですし、哲学は哲学である限り、真実を求め、あらゆる虚偽を否定しなければならない。その結果ニヒリズムになるかどうかは敢て意とすることは許されない。

従って哲学は一応救済とか解脱とかからは切り離して考えらるべきなのでしょうが、しかし私にはその際、二つの点で疑問がある。一つはニーチェでも徹底したニヒリズムの極、絶対肯定に転ずるのですが、そのようなことが出来るのは、ニーチェでは権力意志を信ずるというように何か信仰的なものがありはしないかということ。またもう一つはニーチェの見出したニヒルは、彼の時代、即ち近代というものの含んでいる、或いは面している虚無なのですが、そのような時代の虚無、社会の虚無、即ちいわば「歴史的無」の底に、たとえそれを通じてでなければ撞着し得ないにせよ、いわば「絶対無」とでもいうべきものがありはしないかということ。尤も本当にそういうものにぶつかって行こうとするためには、そうした特定な、歴史的、社会的な現実が崩れてゆくということを、きっかけにして、そして中へ入ってゆくのだろうと思うのです。が、とにかく絶対の無というものがありはしないか。そこにニーチェの限界があると思う。しかしそれにしても、哲学の立場は要するに普遍的であり、宗教の立場は特殊的で、従って一応、両方は区別した方が双方の為によいと、私はそんな風にも考えるのです。

西谷　僕はどうも、ただ区別するということにやや問題を感ずる。現在の問題はむしろ、哲学と宗教とをただ区別するだけに止まって居られないというところにあるんじゃないでしょうか。

もちろん例えば実存主義という問題が起って来なかった以前では、哲学の立場と宗教の立場とは別れて展開している。哲学は普遍性の立場で、宗教は歴史的、特殊的な信仰の立場、しかも信ずるか信じないかという決断の立場ということだった。同じ実存主義といってもキェルケゴールの立場はそういう信仰の立場が根本だったといえる。しかし現在では、少し状態が違うのではないでしょうか。というのは現在、実存主義というのが特に哲学の立場として起って来ているということは、一つには今までの哲学というものの根本的なあり方に対する反対だといえる。そして反対する今までのあり方というものには、哲学を普遍性の立場として例えば信仰から区別し、両方の間に一種の地盤協定をやる、という態度も含まれているのではないか。

同時にもう一つには、実存哲学の根柢には、歴史的・特殊的な信仰、具体的にいえばキリスト教の信仰における神と結び付けられたような人間存在の解釈からの解放、そういう人間の自己解釈からの脱却という意図があるんじゃないか。さっき和辻先生がいわれた、歴史的信仰からの借着を脱いで、有限存在そのものだけとして自己を突き詰めて見ようという人間の態度ですね。極端にいえば、やはり神に対する一種の反逆というようなものが基礎になっていると思います。それは実は近代的人間の立場というものに初めから潜んでいたものだと思いますが、それがだんだん現われて来たのです。

神の救いと哲学の救い

西谷　キェルケゴールにすらそういうものが背景になっている。キェルケゴールはもちろんキリスト教に結び付くのですけれども、従来のように、単に人間の罪の自覚と、贖罪者としてのキリストへの信仰というようなことだけとは非常に違う。自らが自らへ関係する関係としての主体性、という立場には、もっと反省の屈折を含んだ、いわばもっとひねくれたところがある。それは、そういう自らのうちへの反省、屈折を含んだ主体性は、結局絶望に導くとまで自らを反省するともいえる。とにかく単に自らの罪に絶望するという直接的なる立場ではないのです。そこにやはり、神というものに自覚的に背中を向けた近代的人間の立場というものを背景にして、そういう人間がそれにも拘らず如何にして信仰に入り得るかということを示そうと努力したのだと思うんです。ニーチェやハイデッガーになれば、はっきりと神のない、或いは神を否定した、そういう立場で哲学を立てようとしている。その場合、哲学するとか、哲学的に生きるとかいうことは、伝統的な信仰や、その信仰の「神」との対決という意味を含んでいる。そして或る意味で、そういう「神」のない、或いは否定された、まさしくその当処に、積極的な意義を発見しようとする。つまり「神」のないところを自己のうちに自覚する、或いはそういう所において自己を自覚する。そしてその自己のあり方に、今まで宗教の与えていた救いに代る意義を見出そうとする、そういう哲学だと思うのです。従ってそれは、従来の哲学というものと非常に性格を異にした哲学で、従来の宗教と対決すると共に、従来の哲学とも対決しようとする。というのは従来の哲学は、宗教に代ろうとするとかそれと対決するとかの代りに、宗教は宗教、哲学は哲学と地盤協定をやって来たからだと思うんです。それで僕は、現在では、哲学と宗教との本質的な交渉がむしろ問題なんじゃないかと思うのです。

ニーチェのニヒリズム

西谷　ニーチェの立場でいえば、さっき言われたように、キリスト教が与えて来た窮極的な真理性《ワールハイト》の立場というものが、窮極的な仮構だということになって、そこに絶対のニヒリズムという立場が出て来た。それには、やはり歴史の媒介があって、二千年来の西洋の文化、或いは精神、そういうものとの対決として出て来た。今までの歴史に対する一種の否定として、歴史の中から出て来たという意味はあると思います。しかもそこから結局、最後になって永劫回帰という思想が出て来た。あの思想の意味をどう解すべきか、自信がもてないのですが、どうもあすこには或る意味で絶対のニヒリズム、あらゆるものの深い虚無という立場で、そのまま積極性へ転化したような意味があるんじゃないか。というのは、ニーチェの立場はあくまで生《レーベン》とか生成《ウェルデン》とか創造とかいう立場です。従って彼がキリスト教を排斥するのも、それが生成の世界を仮象の世界、空しいものの世界として、それを超えた不変動なイデア的世界、真実在の世界というものを存在《ザイン》として立てるというところにある。それがつまり虚偽だというので、それを否定して、あくまで生成の中に身を置く。そして永劫回帰という思想に来たわけですが、永劫回帰ということは、徹底した生成《ウェルデン》の世界がその生成のままで一種の完結性をもってくること、生成が生成そのものとして一種の存在《ザイン》という意味をもって来るともいうべき世界なんじゃないか。だから永劫回帰の思想は、生成流転の世界を絶対的に運命化し、必然化し、そうして自己を永劫にわたる絶対否定に面接させるという意味をもっている。

その意味で、それはニヒリズムにおける否定精神の徹底だといえるし、また同時にそれはニヒリズムのもつ積極的な意志の深化でもあるというふうにもいえる。ニヒリズムはただの気分ではなくて、徹底した知性の覚醒と共に、徹底した真実への意志の現われなんで、宗教的な求道と地盤を等しくするといっていいのではないでしょうか。ニーチェのいうところだと、その誠実な意志、真実への意志は、キリスト教のうちで哺《はぐく》まれながら、やがてそのキリスト教をも虚妄とし否定することを自らに迫るというようなもので、そしてそういう意志が、永劫回帰という形での絶対否定に面して、それをそのまま受入れ、それを愛する所謂「運命の愛《アモール・ファティー》」(amor fati)の力として現われて来る。その運命の愛で、永劫回帰が絶対肯定という立場に転ぜられて来るのだと思うんです。運命の愛とは、永劫回帰の輪廻のうちに動かされるのではなくて、それと一つになって動く、というか、永劫回帰の生成流転を自己自身の生とし、自己自身の意志とする、ということだと思う。そしてそこにニーチェの権力意志というものの根本もあるのだと思う。

ニーチェからすれば、理性の世界でも、キリスト教的な神の世界でも、結局は意志というものが、本当に意志自らの真実に帰り得ない段階において、自分を実現するために自分のうちから立てて来たものだ。意志は、そういうものを構想し立てることによって、自分自身を否定する。生命が生命自身を否定する。その否定を通して、生命は一層深く自分自身というものを自覚して行く。そして自己の否定として自己のうちから定立されたようなものを、今度は逆に自分で否定するということによって生命はだんだん生命としての最も純粋な姿に帰って行く絶対的に創造的な生命の根源を顕わにして来る。その自覚が権力意志ということだと思う。だから生命のあらゆる否定、あらゆる「禁欲的」なもの、意志のあらゆる否定、「神聖な」権威として意志を規制してくるあらゆる対象、そういうものを他者として立て、然もそれを通して、……つまりあらゆる「敵」をくぐり抜けて、そのくぐり抜けた所に生命乃至《ないし》は意志が自らに帰る。そういう超克《ユーバーヴィンデン》と自己超克の過程の一番ぎりぎりの点が、永劫回帰だとかアモール・ファティーだとかいうことだと思います。而もそういう永劫回帰、及びそれと一つに自己生命の永遠な根源が、現在の瞬間ということで摑まれる。どこまでも永遠であり且つ永劫回帰でありながら、現在の時間の中で摑まれる。そこに瞬間という意味が出て来る。それは現在に於て、永劫なウェルデンの全体というものを自分のうちに包んで、ウェルデンのままでそれと一つになったような立場で、そこに一種の超越性、むしろ超脱がある。それを遊離した超越ではないが、あくまで永劫回帰の中に生きながら、同時にそれから脱胎している。……そこに何か東洋の色即是空に通ずるような所をすら感じますが、どうでしょうか。

和辻 それは僕も賛成です。いまいわれたことと同じことだがツアラトウストラが永劫回帰のことを非常に怖しい真理として、その怖しさを強調しながら、しかもそれが大きな肯定になっている。あの気持ですね。あれが恰度《ちょうど》禅宗でいう柳は緑花は紅といったような気持と、非常に似た気持でしょう。こうやって座談をやっているその儘《まま》の姿、それを「もう一度」どころじゃない、無数度くりかえす勇気。この儘を永遠化するという気持。これはやはり柳は緑、花は紅でしょう。

西谷　僕はよく、ニーチェがもし東洋に生れるか或いは東洋のことをもっと知っていたら、禅のようなものに帰着したのじゃないかという感じがするんですが。

和辻　禅のさとりのもっている力強さ、そこから地球をひっくり返すような力が出て来るという、あの気持が、ニーチェには非常によく生きている。がその代り今の仏教では不満足だというかもしれない。もっと創造的な力をつかまえなければ駄目だというかもしれない。

高坂　それはよくわかるのですが、しかし、ニーチェの場合、「超人《ユーバーメンシュ》」が出て来るわけですね。しかし「超人」は「超」人だといっても、やはり超「人」なので、人間臭い。あそこは禅やなんかと違って、やはりヨーロッパのニヒリズムの克服が眼目で、人間は克服さるべきものだ、というところにもそうした気持がある。そうでなければ人間の歴史との結付きが稀薄になりはしないでしょうか。

和辻　超人が進化の目標として向うの方にあるということになって来ると、永劫回帰の意味が弱くなって来る。それより寧ろ、悲惨な現実を前にして、永劫回帰を恐れずに受取る人が、そのまま超人なんでしょうね。

西谷　ニーチェには進化論の影響があって、それからあの超人というような考え方が出て来ているのでしょうね。

高坂　新しい価値を生むとか、創造《シャッフェン》とかいうことが非常に強いですね。

務台　ツアラトウストラの中に、首にまきついた毒蛇の頭を嚙みくだけというところがありますね。

高坂　それは禅と似ていると思うのですが、根本のところで、ちょっと食い違いがありますね。

西谷　そこは西洋のものだからね。

ニヒルの超克

高坂　ところでニヒリズムの問題ですが、この問題は、ずっと根本まで突いて行くというと、先ほどのエックハルトにおいてのように東洋に通ずる点が出てくる。多少違いがあるでしょうが、ぎりぎりのところまで行けば、むしろ近い。そっちの方はわれわれからいって余程入り易い、解りいいのです。ところが今のニーチェのニヒリズムの問題は、人間の歴史、特に近代の歴史そのものを行き詰らせてゆく意味での、一種の歴史的ニヒルというようなものに関係している。それをどう克服するかということが問題になっている。してみると、ヨーロッパ的な無というのは、そういう意味で絶対無に対し、一歩手前の無だといってもいいのですが、一歩手前の無なるが故に、始末し難いという点がある。それをどう処理したらいいか、そうなると和辻先生の仰しゃられた「空」を何かもう少し歴史化するということが欲しくなってくるのですが。

和辻　それが仏教と結付いて来て、既成宗教の中で動くことになると……。

高坂　さあ、どうなりますか。

和辻　「空」という言葉自身も通用しないかもしれない。しかし同じ内容を哲学で新しく生かすということは、出来ない相談でもないし、その場合必ずしも宗教になるとも限らない。いま務台君がいわれたように、仏を信仰の対象とする流れは無論仏教の中にありますが、あの仏というものは、歴史的な教祖のことでもあるし、宇宙全体を支配している絶対者のことでもあるし、その他いろいろな形で出て来ているので一概にはいえませんが、「空」の理論となると、必ずしも信仰の立場ではないと思われる。空は信仰の対象ではない。「空」の理論を信ずるといえば、或いはこれを説き出した教祖を信ずることになるでしょうが、その教祖の教というものがキリスト教のようにぴたっと決っているわけではない。空の理論にしても、教祖のさとりの真意を明かにするという形で龍樹が展開している。その場合に、仏に対する帰依の言葉は初めとお終いに出ているだけで、あとは理詰めに押して行っているのですね。そういう点で仏教は非常に理論的です。宗教でないとさえ云われる位です。そこがわたくしは面白いと思うのです。勿論そういう面ばかりではない。しかし宗教になってしまっている仏教の中に、信仰から出発したのでない哲学やその歴史的展開がひそんでいる。その中から哲学が何か新らしい、創造的な力を汲み出して来ることが出来やしないか。それにはヨーロッパで四五百年前にやった、哲学を教会から解放するという仕事を、東洋でもこれからやる必要がある。その解放によって、どういうことが起ってくるか、それは先きの長い話だが、兎に角、ギリシアの流れをくんだ哲学史とならんで、インドから流れている哲学史を、もう少し真剣に突ついて見ても良いのじゃないか。そういうふうに思うのですがね。

務台 わたくしもそれは全く同感です。その場合の哲学は、西谷君の話じゃ宗教と区別のつかない立場を取るという話だったが、哲学として行くには方法がなくちゃならない。哲学はどこまでも知識の立場というものを離れるわけにゆかないから、方法がなくちゃならない。たしかに今後宗教が新しい形をとるためには新しい哲学を持たなければならないが、そういう哲学の方法は、どういう点がめどになってゆくことになるか……。

高坂 その点、私にちょっと言葉をはさませて頂けば、いまのニーチェにしても初期の著作は論文の形をとっていたのが、段々とアフオリスメンの形式をとり、詩や文芸の手法を借りようとする。またキェルケゴールにしてもエキジステンツを浮び出さすために、新約や旧約の中の宗教的な物語を芸術的に取り上げている。してみると、そのような新らしい哲学が考えられる時に、一面宗教的で一面芸術的な新らしい方法が、自然と求められているとも考えられる。古くはプラトンの対話篇のような方法もあったわけで……。
和辻　それでちょっと頭に浮かんで来たのですが、フッサールだったか、シェーラーだったか本質直観という方法の先駆者としてプラトンと釈迦をあげていますね。
高坂　釈迦をあげるんですか、成程。
和辻　プラトンはイデアの考えから来るのでしょうが、釈迦をあげているのは何によったのか解りません。しかし釈迦の説教のなかに「観」を云っていることの著しいのは事実です。しかし大乗の論部になるとそう簡単にはいえない。中論はいうまでもなく、唯識なんかでも相当理詰めになっています。しょっちゅう直観が裏にかくれているのかもわからないが。
西谷　僕はよく知りませんが、例えば昔の天台なんかで止観というような場合の「観」ですね。ああいうようなものは西洋でコンテンプレーションと言っているものと同じような「態度」というか「立場」というか、なんでしょうか。
和辻　天台のことはちょっと急にはお返事が出来ないが……。
務台　あれは非常に「業」的なものでしょう。

西谷　それで、哲学の方法ということですけれども、実存哲学というものの一つの特色は、哲学が非常に行的な性格を持って来たことだと思うのです。実存の立場といってもやはりそういうことで自己の現存在というものの中に自己存在や世界を理解するものという意味が含まれている。しかもその理解は今までの一般の哲学のように客観的に理解するというのではない。現実のうちに動くそのままの立場で本来的な自己になる、現実としてなる、ということと一つに結びついている。仏教的にいえば事上の自己究明ということで非常に行的という性格がある。それでいながらハイデッガーでもヤスパースでも、そういう立場としての哲学の方法をやはり与えているのじゃないかと思うのです。つまり例えば日常性だとか集団的在り方とか、或は科学の立場とか非実存的な哲学の立場とか、そういう色々の在り方や立場を踏み越えたり破ったりしてゆくと、その力そのものによって、時にはその力が挫折すべきところに逢著することによって、自分自らを現わし証してゆくというような仕方、そこに一つの新しい意味でのメトーデがあるともいえないでしょうか。今までのように実存を離れた何か或る立場というものを初めから前提として、そこから物を見る場合の手続きを方法論として展開して来るということでなく、反って本来の自己存在がそういう立場によって如何に隠されているかを開示することによって、それを突破してゆく、それが一種のメトーデというものになっているという感じがするのですが……。

務台　僕は、そこで西田哲学の方法というものがもっと取上げられて良いのじゃないかと思うのですが。それは西田哲学では自覚というものを非常に重んずるのですが、自覚というものは、ただ自分が自分を知るという主観的内省でなしに、自己を絶対に否定する或るものの前で自分が自分を知ることだ、ということを言っているわけで、これはそういう場所でなければ自覚というものが生れて来ないという、われわれ人間の自覚の在り方というものをよく示していると思うのです。そういう否定的なものの前でなければ、われわれには自覚というものが出来ない。そこに人間の無常性というものがあるのじゃないか。そういう否定的なものにつきあたると無常性というものを感ぜずにいられなくなる。衆生の流転を見出さずには居られなくなる。一体無常の中にいるわれわれに、どうして無常ということがわかるだろうかということを考えてみると、無常性の中にいる人間だとすれば、その無常だということさえわからないでいるのがあたりまえで、そのことが実は本当の無常になっていると思うのですが、無常の中にいる人間がどうしてそのことがわかるだろうか。

これについて西田哲学は逆限定ということをいうが、哲学の方法というものも、その逆限定というものに関係するところが多いのじゃないかと思うのです。宗教も極めて明瞭に「逆限定」という形をとるが、それは哲学と全く同じ形ではないと思うのです。宗教の逆限定では、神からそれが恵まれるとかおとずれが与えられるというようになるのですが、哲学ではその逆限定がどうして起るのであるか、それはどういう構造をもつかということが知られなければならず、それには自覚の方法を上に云ったように、自己を否定するものの前で、自己を自己が知るという超越の方法として用いなければならないのじゃないか。そうすると逆限定というものは歴史を越えるということじゃないかというようなことを思うのですが。

実存と歴史

高坂　私はその務台さんがおっしゃられる意味は非常にわかるのです。しかし、西田先生の場合、そのような宗教的なもの、或いは行的なものが根柢にあってそこに逆限定というものも成立する。いわば行為的直観的にですね。だから先生の哲学の方法は確かに、行為的直観的であり、また逆限定において歴史を越えるということも、今のお話でよくわかるのです。また西田先生の考えでは、哲学というようなものも、やはり歴史の中でつくられて且つ歴史をつくってゆくという働きを同時にもつわけで、従ってその時に未来を或る程度まで見透している筈なのです。その意味は先生の行為的直観にもあるわけでしょう。ところがそのように未来が見られる、ハイデッガー流にいえば先取されるVor-weg-neh-menということが出来るのには、もっと知的なもの、理性的なものが必要ではないか。実存主義にしても、虚無主義にしても、理知というものの無力、或いは知性の挫折の面が一方的に強調されて、知性を再び取り入れる、知性を再び生かすという面が無視されている。ところがこの理知的なものに対する信頼の喪失というところに、現在における虚無主義や実存主義の流行の源がありはしないか。

尤もこれは当然といえば当然なので、近代の啓蒙主義的な合理主義が行き詰ったところから生じてきているのでしょうが、しかしそれに代る新しい歴史創造的な理性或いは叡智がなければなるまい。昔から過去の卓《すぐ》れた哲学は、皆、それぞれの時代に対し、新しい時代の知性を発見し、或いは樹立して来たものではないでしょうか。それが新しい哲学の方法にもなる……。

務台 私はこう思うのです。未来というものを見透すということをするには、過去を見透すということが出来なければ、全然出来ないものだと思うのです。未来をもつということは、過去をもつということになるので、過去のない未来というものはないと思うのです。未来というものを見透すということは人間の存在にとって重要なことですが、それが成立するには過去というものと対決しなければならないが、その過去との対決について、科学的認識の基礎となるような事実がきまってくる。未来の方だけへ目を向けて、過去の歴史性を十分にかえりみない立場というものは、哲学の方法としては不十分になる。

それについて実存主義は本当の過去というものを見ないところがありはしないかということになるのです。その点で西田哲学は過去というものを正しく見ようとしていると思うのです。西田哲学の中には、過去と対決出来ない未来というものはあり得ないという考えが相当に強い。西田哲学の方法は、単なる宗教的な神秘的な直観に裏付けられているというようなものではなくて、哲学的方法として成立するためには科学的認識というものとの対決を試みて来たのだし、これは過去性を重んずるという点にあるのじゃないかと思うのですがね。それでさっき、神の場所とか人間の場所というのは、歴史的事実的なものと未来に向って全存在をかけようとする主体的存在とが、ちょうど交わるところにあると言ったのも、そういうような意味だったのです。ただ科学的認識の内容になる事実性というものを過去の方にだけみるということは、ハイデッガーもそういう方向を取っているのですが、これは必ず一つの限界に突きあたるものだと思うのですが……。

西谷　そういう科学的認識との対決ということは、ある意味ではヤスパースなんかもやっていることではありますね。

務台　それがヤスパースでは「挫折」ということになるのですね。

知性の挫折

高坂　理智を救うような、理知にもう一遍意味を与えるような、ヤスパースの言葉を借りればそれがもう一遍神から贈り返されて来るGeschenkt-werdenというような、そんな意味での理知、つまりヤスパースのように単に挫折するだけの理知でなしに……。

西谷 西洋では、カトリックが理知を包んだ信仰の立場というものを展開しているね。仏教でも天台や華厳などには、科学的な理知とも、西洋哲学の理知とも違う、或る意味で宗教的であると同時に、哲学的であるというような性格の理知が含まれているようにも見える。ああいうものはどうなんですかね。

高坂 そういうものが非常に欲しいわけなんです。しかし今まで宗教が取入れていた知性は、一方ではまだ充分に科学を生かすということが出来ない。また一方では、どうも充分歴史的でない、創造的でない。つまり新しい歴史の面を開いてゆけるような、創造的な知性なのですが。現在の歴史を動かしている力として科学的認識の意味は無視してならない。またさっき務台さんのおっしゃられたように実存主義は過去をみていない、充分歴史的でない。その点、私はニーチェの虚無主義の底にある歴史主義に同情ができるのです。空或いは絶対ということを安易に考えると歴史から逃げ過ぎてしまう恐れがある。本当には、さっきからのお話のようにそうではない筈なのでしょうが。

西谷 歴史的に見ると合理性という立場が従来の宗教を破って来たと共に、キェルケゴールやニーチェの場合でも、現在の実存哲学でも、その起って来た背後には、科学的と形而上学的とを含めて、理性の立場というものが、やはり歴史的に挫折したという事情がある。それで、もちろん現在の哲学の課題からいえば、実存主義というだけでなく、理性とか理知とかの立場を、もう一遍生かして来なければならないわけだけれども、それにはやはりどこまでも条件がある。というのは、言葉は実存でも何でも良いのですが、とにかく従来宗教というものが与えて来たような、また実存主義が新しく目指して来たような、根源的な存在とその自覚の立場ともいうべきものが、合理性の立場と同時に、はっきり出るということがなければならぬと思う。この意味ではやはり、西田先生などがそういう努力を最も徹底しておられると思いますがね。

高坂　ぼくも実際そう思うのです。実存主義には過去もないし、従って未来というものも、とかく無視され勝ちになる。そのため瞬間や、永遠が勝ち過ぎる。しかしそれをも少し時間と結付けるという方向が現在必要ではないか。

別な言葉で言えば、無論、両方を分けてしまうことはいけないでしょうが、絶対無と相対無というものを一応分けてみてはどうか。その際相対無と言えるようなものは却てヨーロッパの人たちにおいて良くつかまれているし、絶対無的なものは東洋の人達によって非常に深く掘り下げられて来ている。しかし現在のわれわれにとって切実な問題になるのは、むしろ一種の相対無的なもの、つまり、非常に歴史的、社会的な性格を持っている無になると思うのですが、従来の絶対無の立場の哲学というものは、そのような歴史的・社会的な無、相対無をもっと取入れて解決するという、そういう課題を負わされて来ているのではないか。そういった気持ちも私には相当あるのです。相対無というようなものは、歴史的・社会的であるだけに、卑近でもあり、また抽象的なのかもしれませんが、しかし現在多くの人が脅かされている無というのは、むしろ相対的な無からなのではないでしょうか。

務台　全くそうだね。

高坂　またそこからヨーロッパのニヒリズムや、実存主義の最初の動機は与えられて来ている訳でしょうし……。

西谷　現在の日本でいわれている、実存主義とマルクシズムということもそうかしら……。

高坂　そうです。そういう問題にもなるわけですね。

和辻　この間或る学生がいいましたよ。われわれの問題は、太宰治か出隆か……。（笑声）

務台　それは面白い対決ですね、これは日本的な形ですね。流石学生は端的につかまえているね。（笑声）

高坂　現実の問題とすれば、そうなりそうですね。

和辻　もう少し手近かな目標が欲しいわけなんですね。

高坂　そうなのです。

革命と虚無

和辻　その点では、革命運動というものは、非常にはっきりと目標を与えてくれますね。しかし革命運動でそういう無の圧迫を逃れることができれば、それは非常に簡単な問題で、哲学を煩わす必要もないでしょう。それは人によっては恋愛によって脱することが出来る問題でもある。そこが太宰治の挙げられる所以かもしれない……。（笑声）

務台　恋愛とか結婚とかということによって一応逃れられはしないか。

和辻　そうなると、ヨーロッパ人が、旧約を教養の地盤として持っていることは、非常なハンディキャップだと思う。旧約のあの予言者というものは、大したものですね。あれは人類の歴史では独特のものでしょう。あれを自分の祖先の歴史として、恐らく自分の国の歴史よりも熱心に読んでいるということは、何といっても大した強味ですね。いま問題になっている虚無とか頽廃とかいうようなこと、殊に敗戦の結果として起って来たいろいろの現象、そういう現象の対症療法としては、ああいう、予言者的なものが一番切実に効くでしょう。あれは民族の奥底にある精神を呼びさます仕方ですね。ああいう民族的な苦労と予言者的な存在とを、自分の歴史のようにして持っているということは、大したことなんです。われわれは予言者を持たない。日蓮がそれなんだという人もあるが、ちょっと違いますね。

高坂　それはよくわかります。しかしこんな点はないでしょうか。いま多くの人が革命を讃美するとか、革命に心が惹かれるとかいうのは、我々の生活というものが近代的な世界での生活ですし、その近代的な世界というものがわれわれの生活の地盤を、生活の実体をなしている。ところがわれわれの生活の実体をなしているその時代だとか、社会だとかいうもの自身が虚無にぶつかって来ている。そう考えれば、これは哲学の問題にしても良いではないのでしょうか。その点を本当に問題にすることによって、革命よりほかに途がないのか、また別の途が開かれるのか、いまの虚無とか頽廃とかいったたぐいのものも、若しそういうところから来ているのなら、その原因をはっきりさせて、それから脅かされる気持ちを除去することが出来はしないか。

和辻　それはまあそうですね。しかしその与えられている課題が、一挙に解決のつく問題ではないでしょう。一生かかって取組んでも、解決出来るかどうか解らない問題でしょう。そうだとすれば、山登りの時に駈け足で登らないでじっくり歩くというような、そういう態度が必要ではないでしょうか。

高坂　確かトーマス・マンのなにかで読んだのですが、「決断」ということも非常に大事なことなのだが、決断に面しつつ決断しない忍耐ということも非常に大事だということを言っていました。それを認めるかどうかは別として、何かの決断――革命も一種の決断でしょうが――その一つの決断にすべてをまかし切らないという決断、一か八かで一挙に決めることはないという決断、つまり、今先生が云われたように、今日直ぐには割り切れない問題に対しては、生涯かかって取組んでゆくということ、問題を背負いながら耐えてゆくということ、それも確かに大事じゃないか。

和辻　それを押しつめてゆけば、西谷君がいわれたような永劫回帰の思想にもなるでしょう。眼の前にあるのは実に悲惨な、また悪に充ちた現実ではあるが、これに対して「ヤー」（ja!）という勇気が出て来れば、腰がすっかり坐ってくる。これを変えるには非常に永い意志が必要なのですが、それをどうかして早く逃げよう、一刻も早く変えてしまおう、と焦り出すと、革命か或いは自殺かということになる。しかし考えて見ると、腰を落ち付けて現実と取組む、アモール・ファティーの態度をとる、ということは、日本人の性に合わない。或いは日本人の性格に不向きなことかもしれませんね。むしろメラメラと燃え上ってしまう方が、性に合っているのかもしれない。ところが今革命の手本になっているソヴィエト・ロシアというものは、実に腰の坐った民族ですね。

あの民族がシベリアに伸びはじめたのは、ピューリタンたちがイギリスから逃げ出してアメリカの東海岸へとついたのと殆ど同じ頃のことです。それから、日本人には想像もつかないようなだだっ広いシベリアの平原を開拓して、もとのジンギスカンの世界帝国を西の方から再建した。その際、タタール人に教わったいろいろなことも身につけています。あの粘り強さというものは、アメリカの開拓者でもとてもかなわないでしょう。アメリカとは違った意味のパイオニーアとして、何か筋金が入っていますね。あの連中が実に落着いてやっていることを、日本人がせっかちに真似ようとしたって、なかなか同じようにやれるものじゃない。革命では先輩だから手本にするのも良いが、しかしまあどういうものかなあ……。

高坂　それはやっぱり先生の「風土」的特性から……。

和辻　性格的に日本と一番近いのは、フランスかもしれない。だからフランスのように、革命をやったら直ぐあとからナポレオンが出て来たというような、ああいう式にゆくのかもしれない。そうなると、十分歴史を研究して、無駄な流血などを避けるように努めなくてはならない。イギリス人はそれに成功したのではありませんか。だから今務台君がいわれたように、歴史を生かさないと未来の見透しが……。

決断——主体性の問題

務台　革命と、実存哲学でいう決意のことですけれど、革命は個人では出来る筈はないので、それはいうまでもなく集団の決意でしょう。ところが実存哲学でいう決意とは、全然個人に帰するもので、個人の主体性の決意ということだ、個人が本当に突き詰められている形、個人の尖端的決意というもので、それは社会性協同性が欠けている。

和辻　それが現状では、個人の問題として左に味方するか、右に味方するか、エントヴェーダー・オーダーだということになっているのですね。

務台　革命について、日本ではまだまだ個人感情として考えられるものも含まれているのじゃないでしょうか、例えば出氏が入党したというのも出氏の個人的感情と関係があるのじゃないか。

高坂　若しマルクシズムの歴史的必然の理論に従い、現在の資本主義的な社会は、その必然の矛盾の故に不可避的に革命にゆくというだけなら、革命への決断も、特に「決断」としての意義は稀薄になってくる。決断が必要だとするならば、もっと主体的なものを認めなければならない。

和辻　同じように平和主義も必要じゃない。戦争は必然的に起って来るということになる。

高坂　そうすると革命が一種の決断を迫り、いわば「改宗」を迫るという根拠も理解できない。

和辻　それは唯物史観でいうように個人が単なる歯車ではないということでしょうね。

高坂　そういうわけでしょうね。

和辻　しかしこの頃の若い連中は、唯物史観の理論とか、マルクシズムの理論とかには、あまり首を突込んでいませんね。

高坂　理論的なものは余り問題にしない。「昨日の理論より今日の実践」ということになれば、唯物史観の意味もかなり変りはしませんか。

和辻　その代り、現実の経済状態の分析なんかはよく読んでいますね。われわれは問題にされるデータをよく知らないから、一寸議論の出来ないことがある。

西谷　兎に角、高坂君の言った、簡単に決断しないことも一つの決断だということで思うんだが、今の日本の非常にあわただしい、浮動的な思想の姿は、一つはやはり国民教養の問題として、精神的な自主性が確立していないということじゃないか。思考の自主性がないということもその一面だと思う。例えばヨーロッパでは、思想は、左や右に揺れながらも、兎に角糸の切れた凧みたいに風のまにまに、ということにはならない。手に握られた糸があり、連結性がある。結局広い意味での哲学的な思想性がある。

それがあるという根本は、要するに簡単に決断しないで、決断する前に自分で懐疑し、研究し、自分の内から結論を出して行くということだと思う。そしてそれは広い意味で哲学的な思想性ということだけれども、その背後にはやはり宗教というものに結付いているのじゃないか。西洋で哲学が起って来たのは、宗教からの解放であったには違いないが、それもやはり宗教で開かれたホリゾントというものがあって、はじめて出来たものじゃないかと思うのです。宗教のうちで自己の根源的な自覚というものが開かれて、知性というものもそれと結付いて来ている。そこに知性の根強さというものがある。さっき言った精神の自主性の確立ということも、そこにその根があると思います。そういう自主性を非常に徹底した形が、現在、実存主義というものになって現われて来ているのだと思われる。

実存主義とマルクス主義

西谷　日本ではマルクシズムは相変らず公式主義でもって、高飛車に実存主義をやっつけようとしているようだけれども、あれは結局恐れているんじゃないか。実存主義という問題に、本当の意味で触れるということを、恐れているという感じがする。実存主義が問題にしているような実存そのものに内在する超越《トランツェンデンツ》ということは、少くとも公式的なマルクシズムからは解決出来ない本質のものだが、マルクシズムの方は信仰箇条みたいに無謬《インフォリブル》なものだという権威を自分にもたせようとする。そこで結局、実存主義に対しても、小市民的とか何とかいうことで、思想的に立入った対決をしないですまそうとすることになるんじゃないか。そこに胡魔化しがあると思う。もし胡魔化しでなければ、やはり思考の自主性の欠乏ということでしょう。公式主義化はそういうことだと思います。日本では、思考の自主性を根本にしている筈の民主主義も、やはり無謬な公式になっている。そういう自己矛盾がある。やはり、すべてそういう固い公式が一応自由な自主的な思考のうちに融かされて、そのうちの生けるものと死せるものとが分けられるという努力が為されねばならないと思うのです。丁度、有機体が食物から、内に吸収するものと外に出すものとを分けるというような、生きた思考活動が……。

日本でマルクシズムと実存主義という場合、その実存主義の方にも、同じように精神的な自主性の欠乏という、およそ実存主義と正反対のことが根本にありはしないか。というのは、もちろん例外もありますが、多くの場合実存主義という時に、マルクシズムが思想としては唯一絶対の真理だという観念が、反って根本にあるのじゃないかと思うのです。つまり、マルクシズムが唯一の真理だが、しかもそれでは割り切れないような気持、公式で割り切ってしまうには何か満されないものが残るという気持、それが日本では、実存主義とか、ニヒリズムとかいう方向に現われているのではなかろうか。だから実存といい虚無といっても、それは気分に止まって知性自身にまで発展しない。逆にいえばマルクシズムが固定した出来合いの形で、真理として受け取られる。それは知性のひ弱さで、日本でインテリゲンツィアといわれながら、西洋におけるようなインテリゲンツというものが出来上っていない。つまり精神の自主性がないということです。その根本が、初めの話に戻りますが、日本に生きた宗教というものがないということじゃないかと私は思うのです。

和辻　その問題で、宗教の開いたホリゾントということをいわれたが、自然科学の発展も強く関係していはしませんか。

実存主義と科学

西谷　近世に科学というものが非常に支配的になって来て、科学の立場をすぐ哲学の立場に移そうとする傾向が出て来た。哲学を「科学的」にしようということで、唯物論もその一つですが、そこに一つの飛躍があると思うんです。科学の立場は確かなものとしても、科学的というだけの哲学の立場は哲学としては必ずしも確かとはいえない。そういうことをはっきりさせるということに、実存主義のもつ一つの意味があると思います。もちろん実存主義が科学の立場を否定するというのじゃなくて、科学の立場でエキジステンツというものの問題を解決しようという企てがいけないという……。

和辻　いや、私が言ったのは、ヨーロッパ人が自分でものを考える習性を持っているという点です。そういう習性を確立したのは、自然科学の発展と密接に聯関して居はしないか……。

西谷　その問題を僕は哲学と結びつけて言おうとしたのですが……。中世では哲学が宗教のなかに保存されて来た。それが近世になって自由な思想の立場として独立して来たわけですが、その際哲学の解放という中に科学の解放というものも一緒に含まれておった。その後科学はまただんだんと哲学から独立して来たのですが、根本の事柄として大切なのは、ただ科学ということだけじゃなしに、科学の立場に対して地盤を開いた自由な思惟、自由な探究の立場ということじゃないか。つまり哲学と科学とに共通な地盤です。それが自分でものを考えるという習性の基礎になっていたと思うのです。
ただ、さっき僕が言おうとしていたのは、そういう自由の思惟の立場そのものが、近代になってだんだん問題になって来たということです。つまり科学が非常な勢で発達して、やがて哲学まで科学化してしまおうとする傾向が出て来た。例えば科学はすべてをメカニカルとして見る立場だとしても、すべてのものがメカニカルな存在だとしてしまうのは、これは一種の哲学で、これは自由を否定する立場になる。それで自由な思惟の立場が自分自身を否定するというような矛盾したことが現われて来た。それに対して実存主義の哲学が人間のエキジステンツを、単に科学的という見方では捉えられないものとして解明したのです。だからそこでは何時も人間存在に本質的な自由ということが根本の問題となっているると思うのです。そこで現在では、何かそういう根源的な自覚存在の立場から科学の立場というものを、もう一遍基礎付けるというか、裏付けるというか、そういうことが要求されているのだと思う。それは前にカントが理性の立場でやった仕事ですが、現在では理性をも超えたような立場が根柢にならなければ解決されない。絶対無の立場、つまり有的な超越ではなしに無的な超越の立場、が考えられているのも、そういう思想的シチュエーションからでしょう。

務台　それは僕は歴史を重んずるというところから関係が深いと思うのですね。歴史的にみれば、十九世紀から廿世紀にかけての科学の進歩は驚くべきものだと思う。そして一般の人の精神においても科学の真理というものに対する信頼というものは非常に強いものだと思うのです。今の人間にとって神の存在を信ずることは難かしいが、しかし科学の真理を科学者のいう通りに信ずるということは、非常に一般的なものとなっている。そういう科学の持つ意味が哲学の上からも裏付けのようなことがされなければならない。そういうことは、やはり歴史への関心を十分に持つことを要求すると思う。哲学は超越的方法を重んじなければならないが、真の哲学の立場は歴史への方向と超越への方向との交わるところにあるのだと思うのです。

孤独について

高坂　こんなこともいえませんでしょうか。今、我国での一種の流行なのでしょうが、実存主義の根本には個人の主体性の自覚というものがある、「単独者」としての自覚がなければならない。ところが「流行」という現象は、主体性の喪失なのですから、実存主義の流行というのは最も非実存的な在り方だということになる。しかしとにかく実存主義は魅力をもっている。してみれば、日本人の孤独感というものには、西洋人のそれとはかなりに本質的な相違でもあるのでしょうか。

務台　それはそうだな、東洋人には孤独という意識はないのじゃないでしょうかね。

和辻　孤独は「寂しさ」ですね。大急ぎでそこから逃げ出したくなる状態ですね。

西谷　昔の日本人が「寂しさに堪える人」とか「寂しさをあるじとする」だとか「うき我れを寂しがらせよ」だとか言ったのは、逃げ出したくなる気持を自分で一歩深く突き破って、進んでそこに止まろうという、そういう気持だとはいえないでしょうか。実存的な「孤独」だとか「単独」だとかは、そういうものだとも考えられます。キェルケゴールがレフレクティールト（反省的）な感情といっているようなもの、つまり直接的《ウンミッテルバール》な感情が一度内へ屈折された、そういう状態の感情という意味です。

それで思い出したのですが、キェルケゴールの『野の百合、空の鳥』のなかで、百合と鳥から沈黙を学べと言っています。そして荒れた怒濤の海にも沈黙があるという。その意味では、熱狂して騒いでいる群衆の中にも沈黙がある。そういう沈黙を感ずるのが、僕は孤独とか単独とかいうことの意味であると思う。たしか、キェルケゴールもそういう沈黙のうちに、本当の意味の現在、本当の意味の今日というものを捉えることが出来ると考えている。明日のことを思い煩うなということです。明日がどうなっても、明日は自分がどうなっても、やはり神のうちにあり、神のうちにとどまっているのだという。野の百合が明日折られる運命にありながら、今日やはり花を開いている。そこに絶対的な喜びの姿があるという。そういう気持ちというものは、東洋にもあるのじゃないでしょうか。もちろんそのニュアンスも思想内容も違っているでしょうが、宗教全般に通ずる気持ちだと思います。僕はあまり共通性の方を見すぎるのかもしれませんが……。

高坂君も書いておられたけれども、例えばヤスパースの暗号《シッフル》というような考え、「直観され得る《アンシャウバール》」暗号ということですね。つまり現象ではあるが、しかも現象するものなき現象だというような、ああいう見方は、仏教の空観における「有」の見方、「色即是空、空即是色」という時の「色」というものにかなり近いものが感ぜられはしないか。勿論ここでも東洋的と西洋的の違いはあるが……。

高坂　それと関係があるかどうかわかりませんが、ヨーロッパ的存在様式は人間と人間との間の関係がその基礎になっていて、従って孤独というようなものも、自分の意志の立場からしての孤独感という面が強い。つまり、他を自分の意志の中に包みきれないための孤独感ですね。ところが東洋のそれは、逆に他によって包まれきれないための孤独感、従って情緒的な孤独感になる。だから孤独感というよりはさっき和辻先生のいわれた寂しさになる。だからまたヨーロッパの場合では、意志的に問題を解決するという積極的な面が強く働いて来るが、東洋の場合においては、それを解決するというよりも、寧ろ消してゆく、或いは逃れてゆくというような一種の気分的な面、消極的な面が強くなる。

務台　鈴木大拙先生の書かれたものの中に「百条法話随聞記」という書物の中の言葉を引かれたものがある。それはおもしろい言葉で、「この世界にわろきものは己れ一人、地獄へ行くもわれ一人、浄土へまいるもわれ一人、一切みな一人一人と覚えにける」というのですが。この中で一人というのは、芭蕉のいうような、「ゆく人なしに秋の暮」とか「となりは何をする人ぞ」という一人とは違っていると思うのです。これはまた、孤独というのとも違っていますね。一人だけれども救われている。いや一人だから救われているのだという気持の中の一人というもの、こういう感じ方が日本人にあるということは、ちょっと面白いと思うのですがね。そういう一人という意識があるということは　実存哲学でもとり上げてもいいことだと思う。

高坂　だが例外的のような気がしますが……。

和辻　一人一人になったときに、阿弥陀様が迎えに来るのでしょう。

務台　とにかく一人一人だという。そこに面白い考えがある。そういう考えが日本人にあったということは……。

解説　和辻倫理学の出発

「人間の学としての倫理学」を説いた哲学者として、和辻哲郎の名前は高校の「倫理」教科書ではおなじみだろう。その理論体系の全容を記した本は『倫理学』（上中下巻、一九三七、一九四二、一九四九年に刊行）である。著作としての完成度という観点からしても、和辻の思想を知るためには、『倫理学』を通読することが必須であることは言うまでもない。

しかし、単行本として三冊（のちに上下二冊に再編集されている）、文庫版でも四冊にわたる『倫理学』をいきなり読破するのは、やはり困難だろう。もっと簡便に和辻の倫理学にふれたいと思う人が、長らく入門書として読んでいたのは、『人間の学としての倫理学』（一九三四年）であった。この本は岩波全書の一冊として刊行され、戦後まで版を重ねていた。一九九〇年代に至るまでその版が新刊書店で入手可能だったと記憶しているが、現在も岩波文庫に入って、広く読まれている。

ところが実は、『人間の学としての倫理学』は、和辻倫理学の入門書としては必ずしもふさわしくない。この本は、本書に収めた和辻の長い論文「倫理学——人間の学としての倫理学の意義及び方法」（一九三一年）を改訂して成ったものであるが、こちらの初稿論文の方が、マルクス主義に対する批判にはじまり、アリストテレスの『政治学』を新たな倫理学の理想型として示した上で、「人間の学」の方法を論じるという構成によって、着想の道筋をはっきりと表わしている。また詳しい注がついていて議論の背景を知りやすい。その理論体系に最初にふれる本としては、ずっと適切なのである。

ただし初稿論文もまた、発表当時の大学における最新の講義を一般読者に公開する目的で出版されていた「岩波講座」シリーズの一つ、『岩波講座 哲学』の一冊として刊行されたものである。一般読者とは言っても、すでに当時の旧制高校や大学で高等教育を受けた人々を念頭に置いているので、二十世紀初頭の哲学や社会科学とは縁遠くなった、現在の読者には少々とりつきにくいだろう。

そこでこの本では、初稿「倫理学」の前に、入門の入門として、和辻の随筆「面とペルソナ」、および講演記録「私の根本の考」を収め、まずそちらから読んでもらうように工夫した。前者は、まだ『倫理学』を準備している途中だった一九三五年に書かれた随筆で、和辻倫理学の根本をなす「間柄」としての人間のとらえ方を、わかりやすく提示している。後者はそれと反対に、戦後になって『倫理学』が完成したあと、その概略をみずから語った講演の記録。ただし澁澤栄一記念財団から「道徳と経済の一致」という主題を与えられて行なったものなので、議論の最後は「経済組織の問題」に集中している。筆記者の吉沢伝三郎（一九二四年〜二〇〇三年）は和辻の門下に学んだ倫理学者で、その後、東京都立大学教授として活躍した。

巻末に収録した「実存と虚無と頽廃」は、戦後に発表された座談会。当時、若い世代に流行していたジャン＝ポール・サルトルの実存主義とマルクス主義に対する、和辻による応答が記されており、その倫理学体系の特質を裏面から示すようで興味ぶかい。出席者のうち高坂正顕と西谷啓治は、当時は公職追放中であり、その生活を支える目的もあった出版企画と思われる。底本では末尾に、この文庫版の版組みに換算すれば十七頁ほどの長さで高坂と西谷だけの対談が続いているが、省略した。

一九三一年に発表された初稿「倫理学」は、和辻の思想への入門として便利なだけではない。その公刊は、ヨーロッパでの在外研究を通じて、新たな人間学として倫理学の体系を構想するに至った和辻哲郎が、その成果の第一弾を日本の学界・読書界に投じる、一種の凱旋公演のような意味をもっていた。

当時は京都帝国大学文学部の倫理学担当の助教授であった和辻が帰国したのは、一九二八（昭和三）年七月のことであるが、同じ年の十二月に京都哲学会公開講演会で行なった講演「日本語と哲学」のための草稿に、マルティン・ハイデガーの主著『存在と時間』への言及があり、同書の説く共同存在（Mitsein, 和辻の訳語では「共有」）の概念にふれながら「間柄」としての人間観が提示されている。『存在と時間』は、一九二七年、ちょうど和辻がベルリンにいる時期に出版された話題の書物であった。新たな体系の構想は、滞欧生活のなかですでに形をとり始めていたのだろう。

和辻はこれについて「人間と世間」（一九二九年八月）、「国民道徳論」（一九三〇年四、五月ごろ）、「マルクス主義の倫理的批判」（同年七月）といった公開講義で、さらに発表の機会を重ねていった。ハイデガー、マルクス゠エンゲルス、ヴィルヘルム・ディルタイなど、当時の最新流行の哲学理論をたがいに交錯させながら、その理論ができあがってゆく過程については、拙著『光の領国 和辻哲郎』（岩波現代文庫、二〇一〇年）を参照されたい。

そして一九三一（昭和六）年四月から、京大文学部で「倫理学概論」を講義する。その講義草稿をもとにして初稿「倫理学」も執筆され、同じ年の十二月に刊行された。「倫理学概論」の講義は教授に昇任しないと担当できなかったと思われるが、倫理学講座の教授であった藤井健治郎の死去に伴って、予定よりも早く、この年の三月末に教授となっていたのである。初稿「倫理学」の発表は、まさしく倫理学教授としての満を持しての登場であった。

ここで表明された倫理学の体系は、どこが新しかったのか。倫理の成り立つ場を個人の内面の意識ではなく、人と人とが「間柄」の内に生きるあり方に求める。そうした「人間の学」としての倫理学の姿勢を打ち出したのが初稿「倫理学」であり、それはやがて大幅に増補され、最終的に大著の『倫理学』として結実する。「私の根本の考」でも、その完成形が略述されているが、ここではより簡潔な要約として、古川哲史（一九一二年〜二〇一一年）による紹介を引用しよう。古川はもともとは東京帝国大学文学部倫理学科の深作安文の門下で学んだ思想史研究者であるが、一九三四（昭和九）年に東大教授に転任した和辻のもとで助手を務め、やがて助教授・教授として日本倫理思想史の講座を継承した。

それによれば、倫理とは人と人との間柄を成立せしめる所以の理法であるが、これは一面において個人にその否定を要求し全体に還帰せしめると共に、他面この全体をも否定するところの否定の否定であり、限りなく実現せられて行くべき空の空である。この意味において［和辻哲郎］博士の倫理学原理は、かなり仏教的色彩をもつところの弁証法である。そうして倫理は主体間の理法であるが、諸文化において客観的に表現せられるから、表現の理解と解釈とを通じて倫理の体験と実践とは拡充深化せられ得る。ここに博士の倫理学的方法は解釈学的方法となる。かかる原理と方法とが博士の倫理学体系を整然と貫いているが、その内容は家族、親族、地縁共同体、文化共同体、国家という諸人倫組織に関するものとして広汎多岐にわたるのみならず、国民道徳は世界史の哲学的考察によつて裏づけられている。（「わが国における倫理学の発展」、古川哲史編『倫理学』、角川書店、一九五二年、所収、二二六〜二二七頁）

まさしく倫理学体系の完成に立ち会っていた人物だからこそ書ける、すぐれた要約である。初稿「倫理学」で示された「間柄」もしくは「世間」としての人間観は、やがて『倫理学』においては、個人と社会との間に働く相互否定の運動としてとらえ直される。したがってそれは個人が集団に一方的に埋没するだけではなく、集団から個人が独立する運動をも含む「弁証法」的な関係となり、その関係を基礎づける原理として仏教の「空」が持ちこまれることになる。

和辻の「空」をめぐる考察は、この本に収録した座談会「実存と虚無と頽廃」の二一二頁にも見ることができるが、それが初稿「倫理学」にはまったく登場していないことに注意されたい。しばしば、同じ仏教流の「絶対無」を説く西田幾多郎の哲学、また京都哲学一派の亜流として、和辻倫理学を位置づけるような解釈が行なわれるが、構想の出発点において「空」は登場していない。むしろ浮かびあがってくるのは、第一章で展開される学説史の最後で「我々の目ざすところの倫理学のイデー」として称揚される、アリストテレスの存在の大きさであり、また儒学思想の意義の再発見である。後者については、一九二八年十二月に、中国思想史の学者、武内義雄の講演「論語原始」を聴き、感動した経験――著書『孔子』の戦後版（一九四八年）に附録として収めた書評に見える――が関連しているかもしれない。

また初稿「倫理学」では、最後にリュシアン・レヴィ＝ブリュールの習俗科学にふれて、「間柄」としての人間の存在の理法が、観察できる事象としての「風習、道徳、社会形態」

に「表現」されるという理論を示している。公開講義「国民道徳論」では、それを「型・常・習」として提示していた。これがやがて『倫理学』になると、古川が紹介するように、家族から国家に至るさまざまな「人倫組織」を挙げ、それぞれの中で生活するさいに適切な「行為の仕方」として、倫理の具体像を提示する議論へと発展してゆく。

なお、和辻の「倫理学概論」講義が始まった年に京大へ入学した久野収の回想によれば、講義の試験問題は「和辻倫理学を批判せよ」というもので、午後一時から五時までの時間をかけて、試験場への出入りも友人との相談も自由にして、答案を書かせるという形式であった。そして実際に、和辻をきびしく批判した久野の答案に一番の点数を与えたという（『久野収集V　時流に抗して』岩波書店、一九九八年、三三五〜三三六頁）。いかにも、若い世代からの批判も吸収しながら新しい体系を打ち出したいという意気ごみが感じられる。そうした思想形成期の情熱を感じさせるテクストとしても、初稿「倫理学」は貴重な作品なのである。

二〇一七年七月

苅部　直

本書は、「ちくま学芸文庫」のために新たに編んだものである。初出は左記の通りである。

「面とペルソナ」『思想』一九三五年六月号。『面とペルソナ』(岩波書店、一九三七年十二月)所収

「私の根本の考」『青淵』一九五一年五月号(澁澤栄一記念財団)

「倫理学」『岩波講座 哲学』第二回(一九三一年十二月)所収

アテネ文庫46『実存と虚無と頽廃』(弘文堂、一九四九年三月)

なお、このたびの文庫化にあたっては、旧漢字は現在通用の字体とし、歴史的仮名遣いを現代仮名遣いに改めた。底本のルビに加えて、難読と思われる漢字には新たにルビを付した。底本の明らかな誤植には修正を施した。[ ]内は編者による補足である。

ちくま学芸文庫

初稿《しょこう》 倫理《りんり》学《がく》

二〇一七年九月十日　第一刷発行

著　者　和辻哲郎（わつじ・てつろう）
編　者　苅部直（かるべ・ただし）
発行者　山野浩一
発行所　株式会社　筑摩書房
東京都台東区蔵前二―五―三　〒一一一―八七五五
振替〇〇一六〇―八―四一二三
装幀者　安野光雅
印刷所　株式会社精興社
製本所　加藤製本株式会社

乱丁・落丁本の場合は、左記宛にご送付下さい。
送料小社負担でお取り替えいたします。
ご注文・お問い合わせも左記へお願いします。
筑摩書房サービスセンター
埼玉県さいたま市北区櫛引町二―六〇四　〒三三一―八五〇七
電話番号　〇四八―六五一―〇〇五三

ISBN978-4-480-09811-5 C0115